소그룹 성경 공부 교재

사도행전 1

열정의 비전 메이커 오정현 목사는
'한 사람을 그리스도 안에서 온전한 제자로 세우는 제자훈련'을 목회철학으로 삼고
'제자훈련의 국제화'와 '피 흘림이 없는 복음적 평화통일',
그리고 '통일세대를 위한 신앙인재 양성'을 위해 쉬지 않고 달려가고 있다.
현재 사랑의교회 담임목사이다.

오정현 다락방 시리즈 10

사도행전 1

초판 1쇄 인쇄 2017년 9월 13일
초판 1쇄 발행 2017년 9월 20일

지은이 오정현

펴낸이 박주성
펴낸곳 국제제자훈련원
등록번호 제2013-000170호(2013년 9월 25일)
주소 서울시 서초구 효령로68길 98 (서초동)
전화 02-3489-4300 **팩스** 02-3489-4329
이메일 dmipress@sarang.org

표지 이미지 REMBRANDT Harmenszoon van Rijn, <Landscape with a Stone Bridge>(c.1638)

ISBN 978-89-5731-730-3 04230

※ 책값은 뒤표지에 있습니다. 잘못된 책은 구입하신 곳에서 교환해 드립니다.

국제제자훈련원은 건강한 교회를 꿈꾸는 목회의 동반자로서 제자 삼는 사역을 중심으로
성경적 목회 모델을 제시함으로 세계 교회를 섬기는 전문 사역 기관입니다.

오정현 다락방 시리즈 10

소그룹성경공부교재

사도행전 1

성령님과 함께하는 그리스도인의 승전분투기勝戰奮鬪記

오정현 지음

국제제자훈련원

소그룹 성경 공부

교재 사용에 대하여

제자훈련의 열매는 훈련된 평신도 지도자들이 사역하는 소그룹(구역, 다락방, 셀, 목장)이라 할 수 있다. 소그룹이란 성도 간에 아름다운 사랑의 교제를 나누며, 말씀 안에서 영적으로 성숙해가도록 서로 돕고, 믿지 않는 사람들을 초청하여 복음을 나누는 작은 단위의 공동체이다. 소그룹은 하나님의 말씀에 기초한다. 그러므로 각자의 삶을 드러낼 수 있도록 돕고, 변화되어야 할 삶의 목표를 분명하게 제시할 수 있는 좋은 교재가 마련되면 소그룹을 운영하는 데 큰 도움을 얻는다. 그러나 분주한 목회자의 입장에서는 직접 교재를 만든다는 것이 그리 쉬운 일이 아니다. 이런 어려움을 해결할 수 있도록 돕기 위해 마련된 것이 '오정현 다락방 시리즈'이다.

본 시리즈를 사용하는 데 있어 다음 몇 가지를 참고하기 바란다.

1. 이 교재는 소그룹에서 귀납적인 방법으로 성경을 공부하기 위해 만든 것이다. 즉, 성경의 가르침을 일방적으로 주입하는 대신 충분한 토의를 통해 구성원들의 생각을 먼저 정리하고 그것을 성경의 가르침과 비교하도록 구성되어 있다. 결코 정답 베껴 쓰기 식의 공부가 되지 않도록 해야 한다. 서툴더라도 자기 인식과 활발한 토의 참여로 생생한 결론이 나올 수 있도록 해야 한다. 따라서 지도자는 소그룹 환경에서 귀납적 방법으로 성경을 공부하는 것이 무엇인지를 반드시 먼저 배워야 한다.

2. 이 교재는 교역자가 매주 소그룹 지도자들을 먼저 예습시킨 다음 사용하게 해야 바람직한 효과를 기대할 수 있다. 소그룹 지도자가 공부할 내용을 충분히 이해해야 한다. 그냥 교재만 던져주고 마음대로 사용하게 하는 것은 좋지 않다.

3. 소그룹에 참석하는 구성원은 반드시 예습을 해오도록 권장한다.

4. 한 과를 공부하는 데에는 한 시간 이상이 필요하다. 그러므로 각 문제에 따라 답만 찾아보고 넘어가야 할 것과 충분한 토의를 통해 진지하게 적용할 것을 잘 구별해서 진행한다.

어제보다는 오늘이 한 치라도 더 예수님을 닮는 다락방이 되기를!

'그리스도인은 이 땅에서 어떻게 살아야 할까?'

목회 사역에서 늘 마음에 두고 있는 질문입니다. 여러 가지 대답이 나올 수 있습니다. 그러나 이 모든 것을 하나로 정리하면 결국 그리스도인은 그리스도인답게 살아야 한다는 것입니다.

오늘날 그리스도인답게 산다는 것은 단지 세상 사람보다 더 윤리적이고 도덕적으로 살아가는 것을 뜻하지 않습니다. 윤리와 도덕은 예수님을 믿으면 나타나는 작은 결실일 뿐입니다. 그리스도인에 대한 정의는 예수님의 말씀에서 찾을 수 있습니다. "사람이 떡으로만 살 것이 아니요 하나님의 입으로부터 나오는 모든 말씀으로 살 것이라"(마 4:4). 세상 사람은 떡으로만 살 수 있어도 그리스도인은 그럴 수 없습니다. 하나님의 말씀으로 채워지지 않으면 살 수 없는 사람이 바로 그리스도인입니다.

사도행전은 신자들이 자신의 가정에서, 일터에서, 교회에서 어떻게 하나님의 말씀으로 살아야 하는지를 생생하게 보여줍니다. 특별히 믿는 자들이 세상과 부딪힐 때 무엇을 선택하고 어떻게 살아야 하는지를 알려주는, 성령님과 함께하는 승전분투기(勝戰奮鬪記)라고 할 수 있습니다.

사도행전 강해를 시작하면서 "성령으로 인도를 받는 착한 목자, 착한 양"을 주제로 삼았습니다. 우리가 그리스도인으로서 이 땅에 사는 궁극적인 목적은, 하나님 앞에서 말씀에 절대 순종하는 착한 양이 되고, 사람들에 대해서는 생명을 위하여 자신을 내어주는 착한 목자가 되는 것입니다.

착한 양으로 살고, 착한 목자로 사는 것은 쉽지 않습니다. 하나님께 반역하는 세상은 그리스도인들이 그렇게 살도록 내버려두지 않기 때문입니다. 그래서 사도행전을 읽을 때는 세상과 교회의 충돌 너머 그 밑바닥에 웅크리고 있는 사탄의 의도를 놓치지 말아야 합니다.

다락방은 말씀이 삶으로 개화되는 현장입니다. 다락방 만남을 마치고 헤어질 때, 처음보다는 조금이라도 더 말씀에 녹아진 모습으로 돌아갈 수 있기를 바랍니다. 지난주보다는 오늘이, 오늘보다는 다음 주의 다락방 모임이 예수님을 한 치라도 더 닮아가고 드러내는 시간이 되기를 바랍니다. 이것이 바로 제가 기도하는 다락방의 모습입니다.

다락방마다 말씀으로 예수님을 닮아가고, 상처받은 심령이 치유되며, 예수님을 믿는 것 때문에 세상이 감히 주지 못하는, 위로부터 부어지는 기쁨과 행복을 누릴 수 있기를 바랍니다.

사랑의교회 오정현 목사

차례

Lesson 1

약속하신 성령을 체험하라

사도행전 1:1-5

1 데오빌로여 내가 먼저 쓴 글에는 무릇 예수께서 행하시며 가르치
시기를 시작하심부터
2 그가 택하신 사도들에게 성령으로 명하시고 승천하신 날까지의 일
을 기록하였노라
3 그가 고난 받으신 후에 또한 그들에게 확실한 많은 증거로 친히 살
아 계심을 나타내사 사십 일 동안 그들에게 보이시며 하나님 나라
의 일을 말씀하시니라
4 사도와 함께 모이사 그들에게 분부하여 이르시되 예루살렘을 떠나
지 말고 내게서 들은 바 아버지께서 약속하신 것을 기다리라
5 요한은 물로 세례를 베풀었으나 너희는 몇 날이 못 되어 성령으로
세례를 받으리라 하셨느니라

마음의 문을 열며

"당신은 진정 예수님 닮기를 원하는 신앙인입니까?" 이 질문에 "그렇다"라고 답한 분들은 '그럼에도 나는 왜 예수님처럼 살지 못할까?'를 고민하고 있을 것입니다. 이것은 특정한 신자만의 모습이 아닙니다. 영적 거인이었던 사도 바울도 마음과 육신이 다른 방향으로 나아가는 것 때문에 탄식했습니다(롬 7:19).

갈수록 하나님의 절대성과 성경의 진리를 부인하는 오늘날의 세상은, 믿는 자를 점점 막다른 골목으로 몰아넣고 세속의 위협에 질식하든지 아니면 유혹과 짝하든지 둘 중 하나를 선택하라고 요구합니다. 그 결과 적지 않은 신앙인들이 믿음의 깃발을 내린 채 잠재적 무신론자처럼 살고 있습니다.

삶의 판을 바꾸어야 합니다. 지금처럼 영적인 적들이 정한 규칙 위에서 흥정하거나 타협한다면 결국은 패잔병이 될 뿐입니다. 신앙인이 적의 판을 뒤집고 인생의 새로운 판을 짤 능력을 얻는 방법은 바로 성령을 체험하는 것입니다.

어떻게 하면 우리 믿는 자가 그토록 사모하는 성령을 체험할 수 있을까요? 오늘 말씀을 통해서 우리가 받아야 하는 성령은 어떤 분인지, 성령을 경험하기 위해서는 어떻게 해야 하는지 배울 수 있기를 바랍니다.

말씀의 씨를 뿌리며

1. 1절에서 언급한 "내가 먼저 쓴 글"은 사도행전 기자인 누가가 쓴 누가복음을 말합니다. 누가는 누가복음에서 무엇을 기록했습니까?
(참고. 눅 1:1-4)

• 1-2절

2. 부활하신 예수님께서 승천하시기 전까지 40일 동안 이 땅에서 하신 사역을 3가지로 정리해보세요.

• 3a절

• 3b절

• 4-5절

3. 부활하신 예수님께서 승천하시기 전에 제자들에게 하신 명령과 약속을 살펴보고, 그렇게 말씀하신 이유를 생각해보세요.
(참고. 요 16:12-13)

• 4–5절

4. 예수님께서 제자들에게 성령을 주기로 약속하신 것은 오늘을 사는 우리에게도 적용됩니다. 5절에 나오는 "성령으로 세례를 받으리라"는 말씀은 어떤 의미입니까? (참고. 롬 6:4; 눅 24:49)

5. 성령으로 세례를 받으라는 말은 '성령 충만을 받으라', '성령의 능력을 받으라'는 뜻과 통합니다. 사도행전에 나타난 성령 충만의 사례들을 찾아보고, 성령 충만이 그리스도인으로서 누려야 할 큰 축복임을 되새겨봅시다. (참고. 행 3:6; 4:13, 32; 5:41; 7:60)

6. 다음 글을 읽고 믿는 자가 성령 충만을 누리기 위해서는 무엇이 요구되는지 생각해봅시다.

성령께서 우리 속에 충만히 거하신다는 것은 무슨 뜻일까? 미국의 복음 전도자 A. B 심슨(1843-1919) 박사가 사용한 비유는 내가 들어본 어떤 비유 못지않게 탁월하다. 그는 이렇게 말했다. "하나님의 충만함으로 충만한 것은 바닷속의 병에 비유할 수가 있다. 병의 마개를 빼내어 병을 바닷물 속에 집어넣으면, 병 속에는 바닷물이 가득 찬다. 병은 바다 안에 있고, 바다는 병 안에 있다. 바다는 병을 담고 있지만, 병은 바다의 극히 일부만을 담고 있다. 그리스도인의 경우도 이와 같다."

중요한 것은 병의 마개를 여는 것입니다. 뚜껑이 닫힌 병은 아무리 바닷속에 던져 넣어도 빈 병일 뿐입니다. 우리 마음의 뚜껑을 열어야 합니다. 우리의 마음은 세속의 온갖 탐욕과 교만, 때로는 미움과 불평의 뚜껑으로 닫혀 있습니다. 여러분의 마음이 성령으로 채워지기를 원한다면, 성령의 임재를 방해하는 모든 뚜껑들을 열어야 합니다. [1)]

7. 성령으로 세례를 받는 것은 성령의 능력으로 옷 입는 것을 의미합니다. 이는 1세기의 그리스도인들에게만 한정되는 게 아닙니다. 21세기를 살아가는 모든 그리스도인들에게도 약속된 것입니다. 그렇다면 내가 성령 충만을 누리기 위해서 해야 할 일은 무엇입니까?

삶의 열매를 거두며

성령을 체험하는 신앙의 특징은 주권을 양도하는 데 있습니다. 이것은 내 마음의 안방, 거실, 부엌, 심지어 화장실조차 성령이 지배하시는 시공간이 되는 것을 의미합니다. 아직도 성령께 드리지 못한 삶의 영역이 있다면, 솔직히 고백합시다. 그리고 은밀하게 숨겨진 그곳조차도 성령께서 온전히 지배하시도록 주권을 양도하는 기도를 드립시다.

Lesson 2

성령으로 내 증인이 되리라

사도행전 1:6-14

6 그들이 모였을 때에 예수께 여쭈어 이르되 주께서 이스라엘 나라
를 회복하심이 이때니이까 하니
7 이르시되 때와 시기는 아버지께서 자기의 권한에 두셨으니 너희
가 알 바 아니요
8 오직 성령이 너희에게 임하시면 너희가 권능을 받고 예루살렘과 온
유대와 사마리아와 땅 끝까지 이르러 내 증인이 되리라 하시니라
9 이 말씀을 마치시고 그들이 보는데 올려져 가시니 구름이 그를 가
리어 보이지 않게 하더라
10 올라가실 때에 제자들이 자세히 하늘을 쳐다보고 있는데 흰옷 입
은 두 사람이 그들 곁에 서서
11 이르되 갈릴리 사람들아 어찌하여 서서 하늘을 쳐다보느냐 너희
가운데서 하늘로 올려지신 이 예수는 하늘로 가심을 본 그대로 오
시리라 하였느니라
12 제자들이 감람원이라 하는 산으로부터 예루살렘에 돌아오니 이
산은 예루살렘에서 가까워 안식일에 가기 알맞은 길이라
13 들어가 그들이 유하는 다락방으로 올라가니 베드로, 요한, 야고
보, 안드레와 빌립, 도마와 바돌로매, 마태와 및 알패오의 아들 야
고보, 셀롯인 시몬, 야고보의 아들 유다가 다 거기 있어
14 여자들과 예수의 어머니 마리아와 예수의 아우들과 더불어 마음
을 같이하여 오로지 기도에 힘쓰더라

마음의 문을 열며

예수님을 구주로 고백한 사람이 가장 듣고 싶은 말이 있다면, "나도 예수 믿으면 당신처럼 될 수 있습니까?"라는 질문일 것입니다. 우리 중에는 이 놀라운 질문을 들은 분도 있고, 신앙생활을 수십 년 동안이나 했지만 아직까지 듣지 못한 분도 있을 것입니다.

"나도 예수 믿으면 당신처럼 될 수 있습니까?"라는 말은 날마다 삶의 현장에서 그리스도인으로 살았던 사람에게 주어지는 복된 질문입니다. 그리스도인은 땅 끝까지, 이 세상 끝 날까지, 언제 어디서나 예수 그리스도의 증인으로 살고 또 그렇게 살아야 하는 사람입니다.

가족과 이웃이 예수 믿는 당신의 삶을 따르고 싶어 하게 만들려면 무엇을 해야 합니까? 오늘 말씀 속에서 그 원동력을 찾기를 바랍니다.

말씀의 씨를 뿌리며

1. 예수님께서 승천하시기 전 제자들과 함께한 마지막 시간을 살펴보겠습니다. 이때 제자들이 예수님께 했던 질문을 보면, 제자들의 관심사와 예수님의 관심사가 서로 다른 것을 알 수 있습니다. 각각을 비교해보고, 그 이유를 생각해보세요. (참고. 행 1:2-3)

• 6절

2. 예수님께서 원하셨던 것은 우리가 그리스도의 증인이 되어 이 땅에 하나님 나라를 회복하고, 세우는 것이었습니다. 이러한 사명을 능히 감당하기 위해서 가장 먼저 요구되는 것은 무엇입니까?

• 8절

3. 예수님께서 제자들에게 마지막으로 하신 '성령이 임하시면 땅 끝까지 이르러 내 증인이 되리라'는 말씀을 이해하기 위해서는 마태복음 28:19-20을 함께 살펴보아야 합니다. 예수님께서 두 구절을 통해 우리에게 부탁하신 지상명령은 무엇이며, 이 일을 위해서 우리는 무엇을 해야 합니까? 특별히 증인으로서 마태복음 28:20의 "세상 끝 날까지"와 사도행전 1:8의 "땅 끝까지"가 의미하는 것을 생각해보세요.

4. 예수님께서는 제자들에게 그리스도의 복음을 전하며, 복음으로 예수님의 제자를 삼고, 복음 안에서 믿는 자들에게 세례를 주라고 부탁하셨습니다. 이는 제자들의 입장에서 전혀 반갑지 않은 명령이라고 할 수 있습니다. 그 이유는 무엇입니까? 각 지역의 역사적 배경을 생각하면서 대답해보세요. (참고. 눅 24:18; 요 11:7-8; 4:9; 행 10:45)

• 예루살렘

• 유대

• 사마리아

• 땅 끝

5. 증인의 삶을 산다는 것은 종교적 선입관, 사회적 선입관, 민족적 선입관을 뛰어넘어야만 가능한 일입니다. 예수님께서 우리에게 맡기신 증인 된 삶의 소명은 기쁘게 받아들이지만, 실제 삶 속에서 내가 싫어하는 사람에게 복음을 전하는 일은 나와 무관하다고 생각하지는 않습니까? 어떻게 하면 증인으로서 이런 한계를 극복할 수 있을지 나눠봅시다.

6. 다음 글을 읽고 성령 충만한 그리스도인의 참된 특성에 대해 묵상해봅시다.

성령 충만은 반드시 흘러넘치게 되어 있습니다. 성령 충만을 받은 자는 그 사실을 숨길 수도, 스스로 제한할 수도 없다는 말입니다.

여기에 대해서는 토저 목사님의 글을 참고할 수 있습니다. 어떤 그리스도인 형제가 성령의 기름 부으심을 경험했습니다. 그는 그 사실을 아무에게도 말하지 않았습니다. 그런데 며칠이 지나자 그의 아내가 그의 팔을 잡으며 물었습니다. "여보, 무슨 일이 있어요? 당신에게 무슨 일이 일어난 것이 분명해요." 그는 자신이 성령 충만하다는 것을 말하지 않았지만, 그의 아내는 집 안에서 그에게 흘러나오는 성령 충만의 향기를 맡았던 것입니다. 향기는 숨길 수가 없습니다. 마찬가지로 성령 충만하면 거룩한 향기를 절대 숨길 수가 없습니다.[2)]

7. 그리스도의 제자로서 증인의 삶을 사는 것은 예수님을 믿는 모든 사람의 의무이자 특권입니다. 증인의 삶을 살기 위해 가장 필요한 것은 성령의 능력입니다. 제자의 길은 성령의 길이요, 제자의 삶은 성령의 삶입니다. 당신의 삶에 성령의 기름 부으심이 있도록, 성령의 능력으로 사명을 감당할 수 있도록 당신은 어떤 각오와 실천을 할 수 있습니까? (참고. 행 1:14)

삶의 열매를 거두며

기독교에 적대적인 세상 속에서 그리스도의 증인으로 산다는 것은 때로 십자가를 지는 삶을 살아야 함을 의미합니다. 증인의 삶을 포기하고 싶을 때에도 생활증인으로, 생활사명자로 살기로 결심하고, 그렇게 살도록 성령의 도우심을 구하는 기도를 드립시다.

Lesson 3

영광스러운 교회의 탄생

사도행전 1:13-24, 2:1-13

13 들어가 그들이 유하는 다락방으로 올라가니 베드로, 요한, 야고
보, 안드레와 빌립, 도마와 바돌로매, 마태와 및 알패오의 아들 야
고보, 셀롯인 시몬, 야고보의 아들 유다가 다 거기 있어
14 여자들과 예수의 어머니 마리아와 예수의 아우들과 더불어 마음
을 같이하여 오로지 기도에 힘쓰더라
15 모인 무리의 수가 약 백이십 명이나 되더라 그때에 베드로가 그
형제들 가운데 일어서서 이르되
16 형제들아 성령이 다윗의 입을 통하여 예수 잡는 자들의 길잡이가
된 유다를 가리켜 미리 말씀하신 성경이 응하였으니 마땅하도다
17 이 사람은 본래 우리 수 가운데 참여하여 이 직무의 한 부분을 맡
았던 자라
18 (이 사람이 불의의 삯으로 밭을 사고 후에 몸이 곤두박질하여 배
가 터져 창자가 다 흘러나온지라
19 이 일이 예루살렘에 사는 모든 사람에게 알리어져 그들의 말로는
그 밭을 아겔다마라 하니 이는 피밭이라는 뜻이라)
20 시편에 기록하였으되 그의 거처를 황폐하게 하시며 거기 거하는
자가 없게 하소서 하였고 또 일렀으되 그의 직분을 타인이 취하게
하소서 하였도다
21 이러하므로 요한의 세례로부터 우리 가운데서 올려져 가신 날까
지 주 예수께서 우리 가운데 출입하실 때에
22 항상 우리와 함께 다니던 사람 중에 하나를 세워 우리와 더불어
예수께서 부활하심을 증언할 사람이 되게 하여야 하리라 하거늘

23 그들이 두 사람을 내세우니 하나는 바사바라고도 하고 별명은 유
스도라고 하는 요셉이요 하나는 맛디아라
24 그들이 기도하여 이르되 뭇사람의 마음을 아시는 주여 이 두 사람
중에 누가 주님께 택하신 바 되어

1 오순절 날이 이미 이르매 그들이 다같이 한곳에 모였더니
2 홀연히 하늘로부터 급하고 강한 바람 같은 소리가 있어 그들이 앉
은 온 집에 가득하며
3 마치 불의 혀처럼 갈라지는 것들이 그들에게 보여 각 사람 위에
하나씩 임하여 있더니
4 그들이 다 성령의 충만함을 받고 성령이 말하게 하심을 따라 다른
언어들로 말하기를 시작하니라
5 그때에 경건한 유대인들이 천하 각국으로부터 와서 예루살렘에
머물러 있더니
6 이 소리가 나매 큰 무리가 모여 각각 자기의 방언으로 제자들이
말하는 것을 듣고 소동하여
7 다 놀라 신기하게 여겨 이르되 보라 이 말하는 사람들이 다 갈릴
리 사람이 아니냐
8 우리가 우리 각 사람이 난 곳 방언으로 듣게 되는 것이 어찌 됨
이냐
9 우리는 바대인과 메대인과 엘람인과 또 메소보다미아, 유대와 갑
바도기아, 본도와 아시아,
10 브루기아와 밤빌리아, 애굽과 및 구레네에 가까운 리비야 여러 지
방에 사는 사람들과 로마로부터 온 나그네 곧 유대인과 유대교에
들어온 사람들과
11 그레데인과 아라비아인들이라 우리가 다 우리의 각 언어로 하나
님의 큰일을 말함을 듣는도다 하고
12 다 놀라며 당황하여 서로 이르되 이 어찌 된 일이냐 하며
13 또 어떤 이들은 조롱하여 이르되 그들이 새 술에 취하였다 하더라

마음의 문을 열며

당신의 뿌리는 어디입니까? 신자들의 방황은 이 뿌리 의식의 부재에서 시작될 때가 많습니다. 신앙이 세상의 풍조나 소문에 흔들리거나, 혹은 어려운 상황을 만나 움츠러들 때 그 밑바닥을 들여다보면 영적인 자양분을 빨아올리고 지탱하는 뿌리가 튼실하지 못한 경우가 많습니다. 아무리 울창한 나무라고 해도 뿌리가 잘려 있다면, 머지않아 나무는 쓰러져서 고목이 될 뿐입니다.

오늘 본문은 신앙인의 뿌리라고 할 수 있는 신약의 교회가 어떻게 시작되고, 세워졌는지를 보여주고 있습니다.

말씀 속에서 교회가 내 신앙의 뿌리임을 다시 확인하고 더욱 튼실히 함으로써, 시냇가에 깊이 뿌리를 내린 나무처럼 우리의 신앙이 철을 따라 열매를 맺으며 세상의 어떤 혹한이나 가뭄에도 신앙의 잎사귀가 마르지 않고 청청(青青)하게 되기를 바랍니다.

말씀의 씨를 뿌리며

1. 본문은 주님의 몸 된 교회가 어떻게 시작되었는지, 그 영광스러운 탄생을 보여주고 있습니다. 최초의 교회가 어디에서, 누구와 함께 시작되었으며, 교회의 탄생을 위해서 함께 모인 사람들은 무엇을 했는지 정리해보세요. (참고. 행 12:12)

• 1:13-14

2. 오늘날의 교회는 1세기에 세워진 초대교회에 뿌리를 두고 있습니다. 그러므로 초대교회가 세워진 터가 무엇인지 살피는 것은, 오늘날 교회가 세워져야 할 기초가 무엇인지 이해하는 데 무척 중요한 역할을 합니다. 다음 구절들을 통해서 교회가 세워진 터에 대해 생각해봅시다.

• 1:22

• 엡 2:20

3. 영광스러운 교회는 예수님께서 친히 모퉁잇돌이 되시고, 사도들과 선지자들의 터 위에 세워진 교회입니다. 초대교회는 120명의 성도들이 기도하는 가운데 성령이 임하시므로 마침내 세상에 모습을 드러냈습니다. 성령께서 어떻게 임하셨는지 살펴보고, 그것을 세 가지로 정리해보세요.

• 2:2-4

4. 오순절에 임하신 성령의 역사는 바람의 역사, 불의 역사, 소통의 역사로 나타나고 있습니다. 모든 하나님의 교회는 이런 성령의 역사를 필요로 합니다. 말씀에 비추어 성전인 나 자신에게 요구되는 역사는 무엇인지를 생각하고, 내게 부족한 것은 무엇인지, 어떻게 하면 채울 수 있는지 나눠보세요.

5. 교회의 탄생은 전적으로 성령의 역사였습니다. 이것은 하나님의 교회가 세워지는 곳에 반드시 성령께서 함께하신다는 뜻입니다. 그렇다면 과연 교회에 성령께서 역사하시는지를 어떻게 알 수 있을까요? 지금 우리를 통해서도 거룩한 소동과 능력이 나타나고 있습니까?

• 2:6-7

• 2:8

• 2:11

6. 다음 글을 읽고 교회가 사도들과 선지자들의 터 위에 세워졌다는 말이 무슨 뜻인지 묵상해봅시다.

'사도들과 선지자들의 터'라는 말은 '사도들과 선지자들이 가르친 예수 그리스도의 터'라고 풀어서 말할 수 있습니다. "이 터는 곧 예수 그리스도라"(고전 3:11b). 교회는 사도들과 선지자들이 가르친, 예수 그리스도라는 터 위에 세워졌다는 뜻입니다.

사도들과 선지자들이 가르치는 것은 오직 예수 그리스도라는 복음입니다. 보다 직접적으로 말하면 바울이 갈라디아서 1:8에서 말한 "우리가 너희에게 전한 복음"입니다. 그 복음은 바로 고린도전서 2:2의 "예수 그리스도와 그가 십자가에 못 박히신 것"입니다.

사도들과 선지자들이 전한 것은 예수 그리스도의 십자가의 죽음과 부활의 복음입니다. 예수 그리스도의 피의 복음입니다. 따라서 교회가 사도들과 선지자들의 터 위에 세워졌다는 것은, 사도들과 선지자들의 신앙고백과 믿음, 즉 예수 그리스도만이 우리의 유일한 구원자요, 십자가와 보혈의 피만이 우리를 구원할 수 있으며, 이러한 복음을 믿고 사는 자만이 예수 그리스도의 부활의 영광에 참여할 수 있다는 사도들의 신앙고백과 믿음 위에 교회가 세워졌다는 뜻입니다.[3)]

7. 성령에 의해서 탄생한 예루살렘의 초대교회를 통해, 그동안 이스라엘에게만 제한되었던 율법에 따른 성전 제도가 끝나고, 이제는 천하 만국에 오직 예수님의 복음으로만 구원을 받는 새 길이 열렸습니다. 먼저는 이 놀라운 하나님의 은혜에 감사를 드립시다. 그리고 어떻게 하면 내 삶 속에서 주님의 몸 된 교회의 영광을 드러낼 수 있을지 생각해봅시다.

삶의 열매를 거두며

영혼의 고향인 교회가 건강하게 내 속에 뿌리내리면, 거친 세파조차 신앙을 흔들지 못합니다. 이럴 때 우리는 영광스러운 교회의 은혜가 날마다 내 속에서 경험되고, 천수답 신앙인이 아니라 전천후 신앙인으로 살 수 있습니다. 나 자신이 보이지 않는 무형교회로서 영광스러운 존재임을 깨닫고 세상 속에서 거룩한 자존감을 가지고 담대하게 살아갈 수 있도록 기도합시다.

Lesson 4

복음의 심장

사도행전 2:14-37

14 베드로가 열한 사도와 함께 서서 소리를 높여 이르되 유대인들과
예루살렘에 사는 모든 사람들아 이 일을 너희로 알게 할 것이니
내 말에 귀를 기울이라
15 때가 제 삼 시니 너희 생각과 같이 이 사람들이 취한 것이 아니라
16 이는 곧 선지자 요엘을 통하여 말씀하신 것이니 일렀으되
17 하나님이 말씀하시기를 말세에 내가 내 영을 모든 육체에 부어주
리니 너희의 자녀들은 예언할 것이요 너희의 젊은이들은 환상을
보고 너희의 늙은이들은 꿈을 꾸리라
18 그때에 내가 내 영을 내 남종과 여종들에게 부어주리니 그들이 예
언할 것이요
19 또 내가 위로 하늘에서는 기사를 아래로 땅에서는 징조를 베풀리
니 곧 피와 불과 연기로다
20 주의 크고 영화로운 날이 이르기 전에 해가 변하여 어두워지고 달
이 변하여 피가 되리라
21 누구든지 주의 이름을 부르는 자는 구원을 받으리라 하였느니라
22 이스라엘 사람들아 이 말을 들으라 너희도 아는 바와 같이 하나님
께서 나사렛 예수로 큰 권능과 기사와 표적을 너희 가운데서 베푸
사 너희 앞에서 그를 증언하셨느니라
23 그가 하나님께서 정하신 뜻과 미리 아신 대로 내준 바 되었거늘
너희가 법 없는 자들의 손을 빌려 못 박아 죽였으나
24 하나님께서 그를 사망의 고통에서 풀어 살리셨으니 이는 그가 사
망에 매여 있을 수 없었음이라

25 다윗이 그를 가리켜 이르되 내가 항상 내 앞에 계신 주를 뵈었음
이여 나로 요동하지 않게 하기 위하여 그가 내 우편에 계시도다
26 그러므로 내 마음이 기뻐하였고 내 혀도 즐거워하였으며 육체도
희망에 거하리니
27 이는 내 영혼을 음부에 버리지 아니하시며 주의 거룩한 자로 썩음
을 당하지 않게 하실 것임이로다
28 주께서 생명의 길을 내게 보이셨으니 주 앞에서 내게 기쁨이 충만
하게 하시리로다 하였으므로
29 형제들아 내가 조상 다윗에 대하여 담대히 말할 수 있노니 다윗이
죽어 장사되어 그 묘가 오늘까지 우리 중에 있도다
30 그는 선지자라 하나님이 이미 맹세하사 그 자손 중에서 한 사람을
그 위에 앉게 하리라 하심을 알고
31 미리 본 고로 그리스도의 부활을 말하되 그가 음부에 버림이 되지
않고 그의 육신이 썩음을 당하지 아니하시리라 하더니
32 이 예수를 하나님이 살리신지라 우리가 다 이 일에 증인이로다
33 하나님이 오른손으로 예수를 높이시매 그가 약속하신 성령을 아
버지께 받아서 너희가 보고 듣는 이것을 부어주셨느니라
34 다윗은 하늘에 올라가지 못하였으나 친히 말하여 이르되 주께서
내 주에게 말씀하시기를
35 내가 네 원수로 네 발등상이 되게 하기까지 너는 내 우편에 앉아
있으라 하셨도다 하였으니
36 그런즉 이스라엘 온 집은 확실히 알지니 너희가 십자가에 못 박은
이 예수를 하나님이 주와 그리스도가 되게 하셨느니라 하니라
37 그들이 이 말을 듣고 마음에 찔려 베드로와 다른 사도들에게 물어
이르되 형제들아 우리가 어찌할꼬 하거늘

마음의 문을 열며

나약한 신앙이 담대한 신앙으로 거듭나는 것은 가능할까요? 오늘 본문은 이 문제에 분명한 해답을 제시하고 있습니다. 세상의 작은 바람에도 부초처럼 쉽게 흔들리는 신앙 때문에 고민하는 신자들은 물론이요, 세상을 변화시키려는 열망을 가진 신자들이라면 더욱 깊이 들여다보아야 할 말씀이 펼쳐져 있습니다.

불과 50일 전만 해도 참으로 나약한 신자의 모습을 보인 베드로가 인류 역사에 은혜의 시대를 여는 영적 거인이 될 수 있었던 비결은, 그 안에 펄떡이는 복음의 심장이 있었기 때문이었습니다.

겁 많고 도피하는 신앙에서 벗어나 세상을 변화시키는 신앙으로 거듭나기 위해 베드로가 가졌던 복음의 심장이 우리 속에 이식되는 시간이 되기를 바랍니다.

말씀의 씨를 뿌리며

1. 오순절 이후로 사도 베드로는 유대인들과 예루살렘에 사는 모든 사람들에게 소리를 높여 복음을 전합니다. 베드로의 모습을 이전과 비교해보고, 그동안의 변화에 대해서 이야기해보세요.

• 막 14:66-71

• 14절

2. 베드로가 성령의 감동을 받아서 전하는 설교의 특징은 무엇입니까? 다음 구절들을 참고로 생각해보세요.

• 16절

• 25a절

3. 본문은 성경에 기록된 베드로의 첫 번째 설교입니다. 그의 설교는 은혜의 시대를 여는 개회 설교와 같았습니다. 이 설교의 핵심 내용은 무엇입니까?

• 22-23절

• 34-36절

4. 33절 말씀처럼, 예수님은 그 약속대로 성령을 우리에게 부어주셨습니다. 성령을 받은 사람은 베드로의 변화에서도 볼 수 있듯이 세상을 두려워하지 않고, 복음으로 세상에 도전하는 자가 됩니다. 성경은 성령의 기름 부음을 통해 복음의 심장을 소유한 사람, 즉 예수님을 내 마음에 모신 사람의 모습을 어떻게 표현하고 있습니까?

- 17절

- 26절

- 28절

5. 베드로가 전한 설교의 핵심은 예수 그리스도입니다. 이것은 성경 전체를 관통하는 주제이기도 합니다. 성경을 하나님의 말씀으로 믿는 그리스도인의 삶의 주제 역시 예수 그리스도가 되어야 합니다. 만약 현재 예수님이 내 삶의 주제가 아니라면 그 이유는 무엇입니까?

6. 우리의 삶을 복음의 심장인 예수 그리스도로 충만하게 채우며 산다는 것이 어떤 뜻인지 생각해봅시다.

성경에 보면 참으로 특이한 본문이 있습니다. 요한계시록 10:9에서 사도 요한이 천사에게 말합니다. "내가 천사에게 나아가 작은 두루마리를 달라 한즉 천사가 이르되 갖다 먹어 버리라." 두루마리는 하나님의 말씀을 의미합니다. 책은 읽는 것인데, 본문에서는 책을 먹으라고 말씀합니다. 이것은 하나님의 말씀은 보고 읽는 것을 넘어 우리의 심령이 삼켜서 음미해야 함을 뜻합니다. 성경에서 하나님의 말씀을 먹은 사람은 사도 요한만이 아닙니다. 예레미야(렘 15:16)와 에스겔(겔 3:1-3)도 하나님의 말씀을 먹었습니다. 그리스도인과 불신자의 차이는 바로 여기에 있습니다. 세상 사람들은 세상적인 것을 먹고 살지만, 그리스도인은 성경을 먹고 삽니다.

그렇다면 신자가 말씀을 먹고 말씀으로 배를 채운다는 것은 무슨 뜻일까요? 말씀을 먹는다는 것은 내가 좋아하는 것은 먹고 내 마음에 들지 않는 것은 버리는 것이 아니라, 성경의 모든 것을 받아들인다는 뜻입니다. 에스겔도, 예레미야도, 사도 요한도 성경과는 다른 방식의 삶을 살도록 사방에서 압력을 받는 시대를 살았습니다. 성경을 먹는다는 것은 세속의 온갖 압력에도 굴하지 않는 것이며, 또 때로는 자신의 감정이나 욕구대로 살고 싶은 것을 견디면서 오직 말씀대로 살기로 결단하고, 그렇게 사는 것을 말합니다.

7. 그리스도인은 복음의 심장을 가진 자입니다. 복음의 심장을 가진 자는 언제 어디서나 베드로처럼 담대하게 예수님을 전할 수 있습니다. 또 복음의 심장을 가진 자는 그리스도인으로서 늘 기쁨의 사람으로 살아갈 수 있습니다. 우리도 복음의 심장을 가진 자로 살아가려면 어떻게 해야 할까요?

삶의 열매를 거두며

그리스도인은 복음의 심장으로 맥박 치는 사람입니다. 당연히 언어가 달라지고, 보는 것이 달라지고, 행동하는 것이 달라집니다. 예수님을 믿는다고 하면서도 여전히 말과 행실과 비전이 이전과 다를 바가 없다면, 그 사람은 성도가 아니라 여전히 종교인일 뿐입니다. 더 이상은 예수님과 상관없는 제도나 관습에 얽매인 종교인으로 살지 말고, 복음의 심장이 뛰는, 그리하여 언행에서 예수님의 향기가 드러나는 성도의 삶을 살기로 결심하는 기도를 드립시다.

Lesson 5

영혼이 건강한 살아 있는 공동체

사도행전 2:37-47

37 그들이 이 말을 듣고 마음에 찔려 베드로와 다른 사도들에게 물어
이르되 형제들아 우리가 어찌할꼬 하거늘
38 베드로가 이르되 너희가 회개하여 각각 예수 그리스도의 이름으
로 세례를 받고 죄 사함을 받으라 그리하면 성령의 선물을 받으
리니
39 이 약속은 너희와 너희 자녀와 모든 먼 데 사람 곧 주 우리 하나
님이 얼마든지 부르시는 자들에게 하신 것이라 하고
40 또 여러 말로 확증하며 권하여 이르되 너희가 이 패역한 세대에서
구원을 받으라 하니
41 그 말을 받은 사람들은 세례를 받으매 이날에 신도의 수가 삼천이
나 더하더라
42 그들이 사도의 가르침을 받아 서로 교제하고 떡을 떼며 오로지 기
도하기를 힘쓰니라
43 사람마다 두려워하는데 사도들로 말미암아 기사와 표적이 많이
나타나니
44 믿는 사람이 다 함께 있어 모든 물건을 서로 통용하고
45 또 재산과 소유를 팔아 각 사람의 필요를 따라 나눠 주며
46 날마다 마음을 같이하여 성전에 모이기를 힘쓰고 집에서 떡을 떼
며 기쁨과 순전한 마음으로 음식을 먹고
47 하나님을 찬미하며 또 온 백성에게 칭송을 받으니 주께서 구원 받
는 사람을 날마다 더하게 하시니라

마음의 문을 열며

누군가 당신에게 "당신이 속한 신앙 공동체는 살아 있는가?"라고 묻는다면, 당신은 무엇이라고 대답하겠습니까? 아마도 '신앙 공동체가 살아 있다는 것이 무슨 뜻이지?'라며 먼저 자문할 것이고, 그런 다음 '신앙 공동체가 살아 있기 위한 제일 조건은 무엇이지?'를 고민할 것입니다.

어떤 이는 살아 있는 신앙 공동체의 조건은 '하나님의 말씀을 믿는 공동체'라고 말할지도 모릅니다. 그러나 생명력 있는 신앙 공동체는 하나님의 말씀이 살아 있는 공동체입니다. 공동체가 말씀을 믿는다는 것과 공동체 속에 말씀이 살아 있다는 것은 다릅니다. 믿음의 고백을 하는 것과 믿음의 고백대로 사는 것의 차이라고 할 수 있습니다.

우리 모두는 내가 속한 신앙 공동체가 살아 있기를 원합니다. 그렇지 않으면 그 속에 있는 나 자신도 죽어갈 수밖에 없기 때문입니다. 오늘 말씀 속에서 살아 있는 신앙 공동체의 진면목을 보게 되기를 바랍니다. 그리하여 내가 속한 신앙 공동체를 살리는 능력을 확보하는 시간이 되기를 바랍니다.

말씀의 씨를 뿌리며

1. 우리는 늘 교회가 영적으로 건강하고 살아 있는 공동체가 되기를 소원합니다. 내가 속한 신앙 공동체가 살아야 내 영혼이 건강하게 살 수 있기 때문입니다. 그렇다면 성경이 말하는, 영적으로 건강하며 살아 있는 신앙 공동체의 첫 번째 특징은 무엇입니까?

• 37-38절

2. 우리가 속한 하나님의 공동체가 살아 있는지를 확인하는 영적 자가 점검의 두 번째 특징을 찾아서 말해보세요.

• 42a절

3. 최초의 교회인 예루살렘 교회는 진정한 영적 교제가 있는 공동체였습니다. 초대교회가 보여주는 영적 교제의 실제를 찾아 정리해보세요.

• 42b절

• 44-45절

4. 말씀의 찔림이 있고, 말씀의 가르침을 받고, 영적 교제가 있는 건강한 신앙 공동체의 현장이 다락방입니다. 지금 당신이 속한 다락방에서는 이런 요소가 제대로 작동하고 있습니까? 그렇지 않다면 그 이유는 무엇이라고 생각합니까?

5. 하나님의 공동체인 교회는 세상의 윤리나 도덕보다 훨씬 상위개념을 가지고 움직입니다. 왜냐하면 교회는 예수님의 핏값으로 세워졌고, 교회의 동력은 인류의 모든 죄를 구속하신 예수님의 사랑이기 때문입니다. 사람들에게 칭송을 받았던 예루살렘 교회처럼 우리 공동체가 이웃이나 사회에 예수님의 사랑을 나눌 수 있는 구체적인 방안을 말해보세요.

6. 다음 글을 읽고 건강한 신앙 공동체가 되기 위해서, 또한 그런 공동체의 구성원이 되기 위해서 개인에게 요구되는 것은 무엇인지 생각해봅시다.

> 오늘날 한국교회의 부흥은 그 태동기에서 실마리를 찾을 수 있습니다. 교회가 본격적으로 세워진 1900년도 초에 한국교회가 얼마나 말씀을 가르치고 배우는 일에 열심이었는지, 선교사 언더우드는 이렇게 증언합니다.
> "한국인들은 며칠씩 걸어서 사경회에 참석하는데 웬만한 어려움은 거뜬히 견뎌내고 있으며, 250명에서 많을 때는 1,180명씩 모여 열흘에서 열나흘 동안 성경을 배웁니다."
> 이 같은 대규모 사경회에 참석했던 사람들은 고향으로 돌아가 소규모 사경회를 개최했는데, 북부 지역의 어느 선교지에서는 1년 동안 소규모 사경회를 192회 실시해서 참석자가 연인원 1만여 명을 기록했습니다.
> 평양 선교사 블레어(W.N.Blair)는 한국교회의 사경회를 유대인들의 '유월절 문화'에 비유했습니다. "마치 유대인들이 유월절을 지키듯 한국 교인들은 그때만 되면 모든 일상생활을 접어두고 오직 성경 공부와 기도에만 전념합니다." 이같이 성경 공부에만 전념한 결과 교회 전체가 단합되어 사랑과 봉사로 이루어지는 진정한 부흥이 가능케 되었습니다.

7. 당신이 속한 신앙 공동체가 펄펄 살아 움직이는 것이 참으로 중요한 이유는 그것이 자기 영혼의 건강과 직결되기 때문입니다. 당신이 속한 신앙 공동체(다락방, 사역부서 모임, 교회)가 생명력을 갖기 위해 지금 당신이 할 수 있는 일을 적어보고 함께 나눠봅시다.

삶의 열매를 거두며

교회 공동체에서 예배를 드릴 때나 다락방에서 말씀으로 삶을 나눌 때 어떤 마음으로 참여하고, 모임 후에 어떤 마음으로 귀가하고 있습니까? 의무감이 가득하거나 메마름만 느낀다면 건강한 공동체라고 할 수 없습니다. 반면에 기쁨과 풍성함으로 마음이 젖어 있다면 살아 있는 공동체라고 할 수 있습니다.

무엇보다 건강한 신앙 공동체는 언제라도 말씀에 찔림을 받는 공동체요, 말씀의 가르침에 기쁨으로 순종하는 공동체입니다. 언제라도 말씀 앞에서 엎드리고, 말씀에 순종함으로써 내가 속한 공동체가 말씀이 살아 있는 공동체가 될 수 있도록 기도를 드립시다.

Lesson 6

치유의 기적

사도행전 3:1-10

1 제 구 시 기도 시간에 베드로와 요한이 성전에 올라갈새
2 나면서 못 걷게 된 이를 사람들이 메고 오니 이는 성전에 들어가
는 사람들에게 구걸하기 위하여 날마다 미문이라는 성전 문에 두
는 자라
3 그가 베드로와 요한이 성전에 들어가려 함을 보고 구걸하거늘
4 베드로가 요한과 더불어 주목하여 이르되 우리를 보라 하니
5 그가 그들에게서 무엇을 얻을까 하여 바라보거늘
6 베드로가 이르되 은과 금은 내게 없거니와 내게 있는 이것을 네게
주노니 나사렛 예수 그리스도의 이름으로 일어나 걸으라 하고
7 오른손을 잡아 일으키니 발과 발목이 곧 힘을 얻고
8 뛰어 서서 걸으며 그들과 함께 성전으로 들어가면서 걷기도 하고
뛰기도 하며 하나님을 찬송하니
9 모든 백성이 그 걷는 것과 하나님을 찬송함을 보고
10 그가 본래 성전 미문에 앉아 구걸하던 사람인 줄 알고 그에게 일
어난 일로 인하여 심히 놀랍게 여기며 놀라니라

마음의 문을 열며

"네가 낫고자 하느냐?" 2,000여 년 전에 예수님께서 38년 된 병자에게 던지신 질문은 오늘날에도 동일한 생명력으로 우리의 마음을 꿰뚫고 있습니다. 의학의 발달로 많은 병들을 치료받을 수 있는 지금도, 낫고자 하는 마음은 오히려 더 깊어지고 있습니다.

치유를 향한 갈망이 커질수록, 우리는 세상과는 다른 질문을 할 수 있어야 합니다. "나는 말씀 속에서 치유를 경험하고 있는가?" 예수님이 임재하시고, 생명의 말씀이 있는 곳에는 치유가 일어납니다.

그러나 적지 않은 그리스도인이 예수님을 믿는다고 하면서도 여전히 상처에서 회복되지 못한 채로 살아갑니다. 오늘 다락방에서 다룰 내용은 여기에 대한 고민에서 시작합니다. 나아가 내 치유만큼이나 나를 통해서 내 이웃이 치유를 경험하는 것 또한 중요합니다. 왜냐하면 생명의 말씀이 있는 그곳이 바로 세상이 줄 수 없는 치유의 현장이기 때문입니다.

오늘 말씀 속에서, 치유의 근원이신 예수님을 굳게 붙잡고, 나의 치유를 넘어 형제와 이웃까지 회복시키는 능력을 얻을 수 있기를 바랍니다.

말씀의 씨를 뿌리며

1. 베드로와 요한이 기도 시간에 성전에 올라가다가 만난 사람에 대해서 이야기해보세요.

• 2–3절

2. 나면서부터 걷지 못한 사람이 성전 미문에서 베드로와 요한에게 구걸했을 때, 베드로가 그들에게 했던 말과 행동은 무엇입니까?

• 4절

• 6절

3. 성전 미문에서 날마다 살다시피 하던 걷지 못하는 사람은 그곳에서 구걸하면서도 누구 못지않게 예루살렘의 소식을 들었을 것입니다. 아마도 그는 예수님의 이름은 물론 십자가 사건도 알고 있었을지 모릅니다. 그럼에도 그는 예수님이 자신과 어떤 관계가 있는지 한 번도 생각하지 않았습니다. 이 사람의 모습은 실상 예수님을 믿기 전의 우리와 많이 닮았습니다. 어떤 면에서 그러한지 생각해보세요. (참고. 딛 3:3; 엡 2:3)

4. 베드로는 성전 미문의 걷지 못하는 자가 요구한 금과 은, 즉 물질 대신에 나사렛 예수 그리스도의 이름을 전했습니다. 누가는 이때 일어난 사건을 자세하게 기록하고 있습니다. 베드로가 나사렛 예수의 이름으로 그의 오른손을 잡고 일으켰을 때, 그에게 어떤 일이 일어났는지 그리고 치유를 받은 이후에 그가 보였던 반응은 무엇인지 정리해보세요.

• 7-8절

5. 기독교에서는 치유의 시작도 마침도 언제나 예수 그리스도입니다. 그러나 소위 치유의 은사를 받았다고 하는 사람 중에서는 자기 이름을 먼저 내세우는 사람이 적지 않습니다. 이것이 잘못된 이유는 무엇입니까? 또한 나면서부터 걷지 못했던 자가 예수님의 이름으로 치유를 받은 후에 보였던 모습에서 우리가 배워야 할 점은 무엇입니까?

• 9절

6. 다음 글을 읽고 오늘날 교회가 치유의 현장이 되어야 하는 이유를 생각해봅시다.

> 오늘날 교회가 치유의 현장이 되지 못하는 현실에는 여러 가지 이유가 있을 것입니다. 하지만 무엇보다 그런 현실을 가장 원하는 세력은 사탄임을 알아야 합니다. 그렇게 되면 사탄은 치명상을 입기 때문입니다.
> 온전한 치유 사역은 하나님을 불신하고 조롱하는 이 세대에 살아 계신 하나님을 선포하는 강력한 수단입니다. 마태복음 9장에는 중풍병자가 나음을 얻는 사건이 기록되어 있습니다. 그런데 예수님께서 중풍병자를 치료하셨을 때, 사람들이 보인 반응을 주목해야 합니다. "무리가 보고 두려워하며 이런 권능을 사람에게 주신 하나님께 영광을 돌리니라"(마 9:8). 교회에 전인적인 치유 사역이 일어날 때 불신 세상은 두려워하고, 놀라워할 것이며 하나님은 영광을 받으실 것입니다.

7. 육신이나 마음의 질병을 가지고 있다면 치유를 위하여 언제든지 예수님의 은혜를 구할 수 있습니다. 당신에게는 치유의 경험이 있습니까? 또한, 예수님을 구주로 믿는 모든 그리스도인은 이미 죄의 형벌에서 완전히 치유되었다는 사실에 관해 생각해보세요.

삶의 열매를 거두며

나면서부터 걷지 못하는 병자처럼, 내게도 오랫동안 해결하지 못한 심신의 상처가 있지는 않습니까? 오랫동안 신앙생활을 했지만, 여전히 깊이 박힌 못처럼 나를 고통스럽게 하는 문제가 있을지도 모릅니다. 진정한 해결책은 예수님의 이름으로 선포하고, 일어서는 것입니다. 지금 이 시간 고질적인 병으로 등걸처럼 굳고 굽어 있는 내 삶을 예수님께서 고쳐주시고, 나의 치유를 넘어 이웃의 치유까지 책임지는 그리스도인으로 살 수 있도록 결단하는 기도를 드립시다.

Lesson 7

속사람의 온전한 치유

사도행전 3:11-26

11 나은 사람이 베드로와 요한을 붙잡으니 모든 백성이 크게 놀라며
달려 나아가 솔로몬의 행각이라 불리우는 행각에 모이거늘
12 베드로가 이것을 보고 백성에게 말하되 이스라엘 사람들아 이 일
을 왜 놀랍게 여기느냐 우리 개인의 권능과 경건으로 이 사람을
걷게 한 것처럼 왜 우리를 주목하느냐
13 아브라함과 이삭과 야곱의 하나님 곧 우리 조상의 하나님이 그의
종 예수를 영화롭게 하셨느니라 너희가 그를 넘겨주고 빌라도가
놓아주기로 결의한 것을 너희가 그 앞에서 거부하였으니
14 너희가 거룩하고 의로운 이를 거부하고 도리어 살인한 사람을 놓
아주기를 구하여
15 생명의 주를 죽였도다 그러나 하나님이 죽은 자 가운데서 그를 살
리셨으니 우리가 이 일에 증인이라
16 그 이름을 믿으므로 그 이름이 너희가 보고 아는 이 사람을 성하
게 하였나니 예수로 말미암아 난 믿음이 너희 모든 사람 앞에서
이같이 완전히 낫게 하였느니라
17 형제들아 너희가 알지 못하여서 그리하였으며 너희 관리들도 그
리한 줄 아노라
18 그러나 하나님이 모든 선지자의 입을 통하여 자기의 그리스도께서
고난 받으실 일을 미리 알게 하신 것을 이와 같이 이루셨느니라
19 그러므로 너희가 회개하고 돌이켜 너희 죄 없이함을 받으라 이같
이 하면 새롭게 되는 날이 주 앞으로부터 이를 것이요

20 또 주께서 너희를 위하여 예정하신 그리스도 곧 예수를 보내시리니
21 하나님이 영원 전부터 거룩한 선지자들의 입을 통하여 말씀하신
바 만물을 회복하실 때까지는 하늘이 마땅히 그를 받아두리라
22 모세가 말하되 주 하나님이 너희를 위하여 너희 형제 가운데서 나
같은 선지자 하나를 세울 것이니 너희가 무엇이든지 그의 모든 말
을 들을 것이라
23 누구든지 그 선지자의 말을 듣지 아니하는 자는 백성 중에서 멸망
받으리라 하였고
24 또한 사무엘 때부터 이어 말한 모든 선지자도 이때를 가리켜 말하
였느니라
25 너희는 선지자들의 자손이요 또 하나님이 너희 조상과 더불어 세
우신 언약의 자손이라 아브라함에게 이르시기를 땅 위의 모든 족
속이 너의 씨로 말미암아 복을 받으리라 하셨으니
26 하나님이 그 종을 세워 복 주시려고 너희에게 먼저 보내사 너희로
하여금 돌이켜 각각 그 악함을 버리게 하셨느니라

마음의 문을 열며

당신의 속사람은 건강합니까? 사람들과 함께 있는 시간은 물론 홀로 있는 시간에도 당신의 내면은 건강하다고 할 수 있습니까?

개인의 내면이 건강하다는 것과 그리스도인으로서 내면이 건강하다는 것은 동일한 뜻이 아닙니다. 세상은 자존감, 자립심, 현실감각, 사회성이 건강한 사람을 가리켜 내면이 건강하다고 말합니다. 그러나 성경은 무엇보다도 하나님과의 관계가 튼실한 사람을 가리켜 속사람이 건강하다고 말합니다. 그렇기 때문에 세상은 개인의 자존감을 높이는 것에서 속사람 치유를 시작하지만, 성경은 하나님과의 관계를 회복하고 건강하게 세우는 것에서 시작합니다.

오늘 말씀 속에서 하나님과의 관계를 튼실하게 함으로써 다른 모든 관계를 바르게 정립(定立)하는 시간, 세상의 어떤 폭풍우에도 흔들리지 않을 만큼 심령이 건강한 속사람의 기초석을 굳건하게 세우는 시간이 되기를 바랍니다.

말씀의 씨를 뿌리며

1. 40여 년 동안 걷지 못하던 사람이 베드로와 요한이 선포한 나사렛 예수의 이름으로 걷게 되었습니다. 그러자 나은 사람은 너무도 감격에 겨워 사도들을 붙잡고 놓지 않으려 했으며, 이를 본 예루살렘 성의 모든 사람도 크게 놀라 사도들을 주목했습니다. 이들의 행동에 베드로는 어떻게 반응하고 있습니까? 그런 베드로의 반응을 제자들의 이전 모습과 비교해보세요.

• 12절

• 눅 22:24

2. 군중이 베드로를 중심으로 모였을 때, 베드로는 오순절 이후 두 번째 설교를 증거합니다. 베드로가 이들에게 전한 설교의 핵심 내용을 다음 구절에서 반복되는 단어를 중심으로 찾아 말해보세요.

• 13절

• 15절

• 16절

• 18절

• 20절

3. 못 걷는 자의 치유는 육신의 회복을 나타냅니다. 그리고 이제 베드로는 유대인들의 진정한 치유를 위해 그들의 내면을 겨냥합니다. 내면을 치유받으려 할 때 가장 먼저 해야 할 일은 무엇입니까?

• 19절

4. 기독교의 모든 치유는 그 중심에 예수님이 있습니다. 다음 구절들을 살펴보고 예수님께서 치유의 근원이신 이유를 설명해보세요.

• 사 53:5

• 시 103:14

5. 진정한 치유는 속사람의 치유로부터 시작됩니다. 성경에서 말하는 속사람의 의미는 무엇입니까? 당신은 예수님을 믿은 뒤로 속사람의 치유를 경험하며 살고 있습니까? 치유의 경험이 있다면 함께 나눠보세요.

• 고후 4:16

• 렘 17:9

• 엡 3:17

• 롬 7:22

6. 다음 글을 읽고 속사람이 건강한 사람은 누구이며 속사람이 치유될 때 일어나는 현상은 무엇인지 생각해봅시다.

속사람이 건강한 사람은 죄책감의 감옥에서 자유롭습니다. 그들은 죄책감에 시달리면서 자신을 정죄하느라 인생을 허비하지 않습니다. 왜냐하면 속사람이 건강한 사람은 하나님의 은혜가 자신의 죄보다 더 큰 것을 알기 때문입니다.
속사람이 치유된다는 것은 은혜를 깨달아 마음의 창에 낀 때를 벗기고, 짙은 먼지를 닦아내는 것을 말합니다. 욥을 보십시오. 엄청난 시련 속에서 그는 마음에 큰 상처를 받았고, 태어난 것을 저주할 만큼 세상을 보는 눈이 비탄과 탄식으로 바뀌었습니다. 그런데 이런 욥의 속사람이 언제 치유되기 시작했습니까? 하나님을 직접 대면하면서부터였습니다. 하나님을 대면함으로써 욥은 자기중심적인 시각을 하나님 중심적인 시각으로 바꿀 수 있었습니다. 속사람이 치유되자 보는 눈이 달라진 것입니다. 그에게 인생의 새로운 차원이 열린 것입니다. 그 결과 그는 귀로만 하나님을 듣는 사람이 아니라 하나님을 직접 보고 경험하는 사람이 되었습니다.

7. 속사람의 치유는 습관적이고 고질적인 죄로부터 자유로워지는 것에서 시작됩니다. 또 속사람의 강건함은 하나님의 은혜를 경험하며 사는 것에서 비롯됩니다. 속사람은 예수님이 계시는 곳이기에 습관적인 죄를 지으면서 내면의 치유를 기대할 수는 없습니다. 여전히 습관적이고 반복적인 죄를 짓고 있다면, 돌이키는 결단을 해야 합니다. 어떻게 하면 일상에서 속사람이 하나님의 은혜를 누리며 살 수 있는지 자신의 경험을 함께 나눠봅시다.

삶의 열매를 거두며

속사람이 건강한 사람은 예수님의 시선으로 세상을 보고, 예수님의 사랑으로 가슴을 가득 채운 사람입니다. 환경이나 상황으로는 절망할 수밖에 없을 때조차도 예수님께 의지해서 한결같이 소망으로 사는 사람입니다. 성경은 이들을 가리켜 '세상이 감당하지 못하는 사람'이라고 합니다. 내 마음과 행실을 통해 날마다 치유받은 속사람의 고백을 드릴 수 있도록 성령께 의존하는 간절한 기도를 드립시다.

Lesson 8

박해받는 것을 기뻐합시다

사도행전 4:1-22

1 사도들이 백성에게 말할 때에 제사장들과 성전 맡은 자와 사두개
인들이 이르러
2 예수 안에 죽은 자의 부활이 있다고 백성을 가르치고 전함을 싫어
하여
3 그들을 잡으매 날이 이미 저물었으므로 이튿날까지 가두었으나
4 말씀을 들은 사람 중에 믿는 자가 많으니 남자의 수가 약 오천이
나 되었더라
5 이튿날 관리들과 장로들과 서기관들이 예루살렘에 모였는데
6 대제사장 안나스와 가야바와 요한과 알렉산더와 및 대제사장의
문중이 다 참여하여
7 사도들을 가운데 세우고 묻되 너희가 무슨 권세와 누구의 이름으
로 이 일을 행하였느냐
8 이에 베드로가 성령이 충만하여 이르되 백성의 관리들과 장로들아
9 만일 병자에게 행한 착한 일에 대하여 이 사람이 어떻게 구원을
받았느냐고 오늘 우리에게 질문한다면
10 너희와 모든 이스라엘 백성들은 알라 너희가 십자가에 못 박고 하
나님이 죽은 자 가운데서 살리신 나사렛 예수 그리스도의 이름으
로 이 사람이 건강하게 되어 너희 앞에 섰느니라
11 이 예수는 너희 건축자들의 버린 돌로서 집 모퉁이의 머릿돌이 되
었느니라
12 다른 이로써는 구원을 받을 수 없나니 천하 사람 중에 구원을 받
을 만한 다른 이름을 우리에게 주신 일이 없음이라 하였더라

13 그들이 베드로와 요한이 담대하게 말함을 보고 그들을 본래 학문
없는 범인으로 알았다가 이상히 여기며 또 전에 예수와 함께 있던
줄도 알고
14 또 병 나은 사람이 그들과 함께 서 있는 것을 보고 비난할 말이
없는지라
15 명하여 공회에서 나가라 하고 서로 의논하여 이르되
16 이 사람들을 어떻게 할까 그들로 말미암아 유명한 표적 나타난 것
이 예루살렘에 사는 모든 사람에게 알려졌으니 우리도 부인할 수
없는지라
17 이것이 민간에 더 퍼지지 못하게 그들을 위협하여 이후에는 이 이
름으로 아무에게도 말하지 말게 하자 하고
18 그들을 불러 경고하여 도무지 예수의 이름으로 말하지도 말고 가
르치지도 말라 하니
19 베드로와 요한이 대답하여 이르되 하나님 앞에서 너희의 말을 듣
는 것이 하나님의 말씀을 듣는 것보다 옳은가 판단하라
20 우리는 보고 들은 것을 말하지 아니할 수 없다 하니
21 관리들이 백성들 때문에 그들을 어떻게 처벌할지 방법을 찾지 못
하고 다시 위협하여 놓아주었으니 이는 모든 사람이 그 된 일을
보고 하나님께 영광을 돌림이라
22 이 표적으로 병 나은 사람은 사십여 세나 되었더라

마음의 문을 열며

“예수 믿는 것 때문에 손해 본 적이 있습니까?” 이런 질문을 받으면 당신은 무엇이라고 대답하겠습니까? 사실 이 질문은 이미 그 답이 정해졌기 때문에 부적절할 수 있습니다. 왜냐하면 예수님을 믿기로 결단했다는 것은 이 세상에서 소금과 빛의 역할을 하기 위해 손해조차도 자발적으로 감당하겠다고 결심했음을 의미하기 때문입니다.

그럼에도 이는 충분히 의미 있는 질문입니다. 오늘날 신앙인의 본질을 드러내주기 때문입니다. 만약 신앙을 지키려는 과정에서 손해 보는 것을 당연하게 여기지 못하고 특별하거나 이상하다는 생각이 든다면, 이는 자기의 현재 신앙이 정상 궤도를 벗어났다는 증거라고 봐야 합니다.

오늘 본문은 우리가 예수님을 믿는다는 이유로 핍박을 받거나 손해를 보는 것이 결코 이상한 일이 아니라고 말씀합니다. 어떻게 해야 자기중심의 세상, 이익을 추구하는 세상의 물결에 반하여 신앙 때문에 기꺼이 핍박과 손해를 감수하는 것을 일상으로 여길 뿐만 아니라 체질화할 수 있을지 말씀 속에서 해답을 찾기를 바랍니다.

말씀의 씨를 뿌리며

1. 예수 그리스도의 부활을 선포했던 베드로의 설교 덕분에 수많은 유대인이 복음을 듣고 회개하고 결신했습니다. 그러자 그것을 지켜보고 있던 유대 지도자들이 서둘러 베드로와 요한을 잡아 가두었습니다. 제사장과 성전 맡은 자와 사두개인의 특징을 생각하면서 이들이 사도들을 잡아 가둔 이유를 생각해보세요. (참고. 말 2:7; 눅 20:27)

• 2절

2. 유대의 최고 의결 기관인 산헤드린 공회에서 베드로와 요한을 심문할 때 했던 질문은 무엇입니까? 또한 여기에 사도들이 어떻게 답했는지 정리해서 말해보세요.

• 7절

• 10–12절

3. 베드로와 요한을 붙잡고 심문했던 종교 지도자들은 당시 여론을 주도했던 소위 오피니언 리더라고 할 수 있습니다. 그들은 자기 생각과 반대되는 사실이 전해지는 것을 차마 볼 수 없었습니다. 그로부터 2,000여 년이 지난 오늘도 세상은 여전히 예수님의 부활을 전하는 것을 싫어하며, 세속의 시류에 반하는 예수님의 복음을 전하는 교회나 신자들을 못마땅하게 여깁니다. 뿐만 아니라 언제든지 참소할 명분을 찾고 있습니다. 당신은 사회생활 속에서 예수님을 믿는다는 이유로 비난을 받거나 부정적인 반응을 경험한 적이 있습니까? 만일 그렇지 않다면 그 이유는 무엇이라고 생각합니까?

4. 오늘날 세상은 때로는 유혹으로 때로는 위협으로 우리에게 복음을 전하지 못하도록 요구하고 있습니다. "진정한 그리스도인이라면 복음으로 인한 박해와 위협이 필연적인 일상이다"라는 말에 대해 당신은 어떻게 생각합니까? 또한 오늘날 복음을 변질시키려는 세상의 유혹이나 위협을 생각해보고, 이때 그리스도인으로 취해야 할 태도를 말씀에 비춰 말해보세요. (참고. 요 15:18-20)

• 19-20절

5. 우리가 세상의 모든 유혹이나 핍박에 대해서 뒤로 물러서지 않고 담대하게 반응할 수 있는 이유는 무엇입니까? 누추한 모습으로 지방을 순시하다가 부패한 사또를 만난 암행어사가 거침없이 그의 나쁜 행실을 지적하고 붙잡혔을 때, 그를 죽이려는 사또 앞에서 조금도 주눅 들지 않는 이유를 생각하면서 이야기해보세요.

6. 다음 글을 읽고 예수님과 함께한다는 임재 의식이 세상을 이기는 힘이라는 사실에 대해 묵상해봅시다.

존 파이퍼 목사가 아내에게 물었습니다. "당신은 가장 기쁠 때가 언제야?" 만일 여러분의 배우자가 그렇게 묻는다면 무엇이라고 대답하겠습니까? 파이퍼 목사의 사모는 이렇게 대답했습니다. "나는 당신이 '당신과 함께 시간을 보낼 때가 제일 행복해'라고 말할 때 가장 기뻐요." 이런 이야기를 서로 주고받는 부부들이야말로 형편과 처지와 상관없이 지상에서 가장 큰 복을 누리며 산다고 볼 수 있습니다. 그런 사람들에게는 웬만한 어려움은 그냥 지나갈 것입니다. 왜냐하면 함께하는 것을 기쁨으로 여기는 그 속에 능력이 있기 때문입니다.
우리와 예수님의 관계도 마찬가지입니다. 우리가 예수님과 함께 있는 것을 가장 행복하다고 여길 때, 예수님도 그것을 큰 기쁨으로 여기실 것입니다. 내가 행복하고 주님께서 기뻐하시는 삶이라면 어떤 도전이나 어려움이 닥쳐도 능히 이겨낼 수 있습니다. 왜냐하면 기쁨이 능력이기 때문입니다.

7. 그리스도인은 이 땅에 살지만 이 땅에 속하지 않은 존재입니다. 이처럼 태생적인 이유 때문에 세상은 항상 믿는 자를 유혹하거나 위협하고 있습니다. 이럴 때 가슴속에 그리스도의 이름을 넣어두고 사는 사람은 언제라도 담대할 수 있지만, 이름뿐인 교인이라면 위축될 수밖에 없습니다. 지난 한 주, 혹은 한 달 동안 당신에 대한 세상의 태도는 어떠했는지, 그러한 세상에 대해서 당신은 어떻게 반응했는지 생각해봅시다. 만일 어떤 위협이나 유혹도 없었다면 그 이유는 신앙인으로 살지 못했기 때문일 수 있습니다. 그리스도인으로서 더욱더 담대함을 보이기 위해 당신이 가장 먼저 해야 할 일을 생각하고 그 결심을 나눠봅시다.

삶의 열매를 거두며

예수 믿는 것 때문에 손해를 보는 일은 이해타산을 따지는 세상의 이치로 보면 어리석습니다. 하지만 그리스도인으로서 복음을 자랑하고, 신앙 때문에 핍박을 당하고 손해 보는 것을 당연히 여기는 이유는 예수님의 그 크신 사랑을 알고, 경험했으며 믿기 때문입니다. 먼저 나의 일상이 언제나 예수님의 사랑에 녹아져서, 어떤 경우에도 예수님을 배신하지 않으며, 핍박의 순간에도 성령을 절대적으로 의지할 수 있게 해달라는 결단의 기도를 드립시다.

Lesson 9

교회는 무엇으로 위대해지는가?

사도행전 4:32-37

32 믿는 무리가 한마음과 한뜻이 되어 모든 물건을 서로 통용하고 자
기 재물을 조금이라도 자기 것이라 하는 이가 하나도 없더라
33 사도들이 큰 권능으로 주 예수의 부활을 증언하니 무리가 큰 은혜
를 받아
34 그중에 가난한 사람이 없으니 이는 밭과 집 있는 자는 팔아 그 판
것의 값을 가져다가
35 사도들의 발 앞에 두매 그들이 각 사람의 필요를 따라 나누어 줌
이라
36 구브로에서 난 레위족 사람이 있으니 이름은 요셉이라 사도들이
일컬어 바나바라(번역하면 위로의 아들이라) 하니
37 그가 밭이 있으매 팔아 그 값을 가지고 사도들의 발 앞에 두니라

마음의 문을 열며

주님이 자기 피로 사신 교회를 영광스럽고 고귀하게 만드는 것은 무엇입니까? 교회를 통하여 자신이 신앙적 유익을 얻는 것은 당연하게 여기면서도 자신을 통하여 교회가 영광스럽게 되는 것에 관해서는 깊이 생각하지 못하는 것이 오늘날 기독교의 현주소입니다.

주님의 몸 된 교회가 상처를 입고, 교회의 영광이 훼손되는 것을 목도할 때 본능적으로 마음이 상하고 아픈 것은 신앙인의 정상적인 반응입니다. 우리는 교회의 머리 되신 예수 그리스도의 몸 된 지체이며 우리 혈관 속에는 그리스도의 피가 흐르기 때문입니다.

신앙인이 교회의 영광, 교회의 고귀함, 교회의 특별함에 눈을 떠야 하는 이유는 그럴 때 우리의 신앙이 한 단계 더 깊어지고, 신앙인으로서의 삶도 한 차원 더 올라가기 때문입니다. 한평생 교회를 출입해도 교회의 영광에 눈을 뜨지 못하면 자기중심의 초라한 신앙으로 인생을 마감할 수 있습니다.

오늘 말씀 속에서 교회를 위대하게 하는 일에 전심전력하는 것이 어떻게 내 신앙을 새롭게 하는지 깨닫고 그렇게 살기로 결심하는 시간이 되기를 바랍니다.

말씀의 씨를 뿌리며

1. 사도행전 2:42 이하에 보면, 예루살렘 교회는 말씀을 잘 가르치고 배우는 교회, 세상으로부터 칭찬 받는 교회, 사랑이 충만한 교회, 예배와 전도에 열심인 교회로 나타나고 있습니다. 오늘 분문은 앞서 보여준 교회의 모습을 재확인하며 무엇이 교회를 참으로 위대하게 하는지 구체적으로 표현하고 있습니다. 그것이 무엇입니까?
(참고. 빌 2:2)

• 32절

• 34절

2. 믿는 자가 한마음과 한뜻으로 자신의 것을 나누는 복음의 공동체성이 교회를 위대하게 한다면, 교회를 고귀하고 위대하게 하는 또 다른 날개는 무엇입니까?

• 33절

3. 교회가 지상의 어떤 단체와도 근본적으로 다른 점은 "큰 은혜"(33절)에 있습니다. 세상의 단체가 그런 것처럼 지상 교회도 완전하지 못하며, 때로는 그 안에서 분열이 있거나 소음이 날 수 있습니다. 그럼에도 지상 교회는 세상의 그 어떤 단체나 조직에서 찾을 수 없는, 예수님의 보혈을 통한 은혜가 있습니다. 지극히 풍성한 은혜, 이것이 교회사적으로도 그리고 오늘날에도 교회를 고귀하고 위대하게 만듭니다. 성경에 나타난 은혜를 묵상하면서 자신의 말로 정리해보세요.

- 요 1:17

- 엡 2:5

- 딤전 1:14

4. 하나님의 교회를 교회답게, 교회를 고귀하고도 위대하게 만드는 또 하나의 요소는 복음의 세계성입니다. 이것은 복음이 들어가면 무학(無學)한 시골 할머니도 골방에서 세계를 위해 기도하는 하나님의 백성이 된다는 사실에서 엿볼 수 있습니다. 복음의 본질은 차별 없이 세계를 품는 것입니다. 다음 성경 구절들을 통해서 복음의 세계성을 살피고, 자신이 이해하는 말로 풀어서 설명해보세요.

- 눅 2:10

- 골 1:23

- 고전 1:24

5. 앞서 교회를 고귀하고 위대하게 만드는 세 가지를 살펴보았습니다. 첫째는 마음을 함께하는 복음의 공동체성, 둘째는 부활하신 예수님을 삶으로 증거함에서 오는 은혜의 풍성함, 셋째는 차별 없이 세계를 품는 복음의 세계성입니다. 여기에 비춰볼 때, 지금 당신의 삶은 교회를 고귀하고 위대하게 만드는 일에 어떻게, 얼마나 쓰임 받고 있습니까?

6. 다음 글을 읽고 주의 몸 된 교회가 위대한 공동체가 되는 비결에 대해 생각해봅시다.

어느 신혼부부가 말다툼을 하고 있었습니다. 감정싸움이 점점 격렬해지자 갑자기 신부가 왼손을 추어올리면서 반지를 가리켰습니다. "기억나요? 우리는 같은 팀이라고요." 결혼을 하면 신랑과 신부가 반지를 주고받습니다. 이는 '이제 당신과 나는 한 팀이요 하나'라는 뜻입니다. 결혼할 때 서로의 손가락에 끼워준 반지는 이제 신랑과 신부가 하나가 되었다는 증표입니다. 그런데 많은 사람들이 반지를 끼고 있으면서도 그것을 잊고 삽니다.

예수님을 믿는 사람들이라도 서로 의견이 다르고 생각이 다를 수가 있습니다. 그런데 한 가지는 분명합니다. 예수님을 유일한 구세주로 믿고 섬기는 한 우리는 본질적으로 한 지체요, 한 몸이라는 사실입니다. 서로 의견이 다르고 생각이 달라서 언쟁이 벌어졌습니까? 그럴 때 우리는 반지를 낀 손가락을 가리키며 "우리는 같은 팀"이라고 소리친 신부처럼 우리의 가슴을 가리키면서, '우리 속에 계시는 예수님 때문에 우리는 한 팀이요 한 지체'라고 말해야 합니다.

7. 교회는 예수님이 흘리신 보혈의 공로 위에 세워졌습니다. 예수님을 '나의 주 나의 하나님'으로 믿고 고백하는 우리는 한 사람 한 사람이 주님의 몸 된 교회를 이루는 귀한 지체입니다. 모든 지체는 주님의 보혈로 연결되어 있기에 교회의 영광이 나의 영광이요, 교회의 아픔이 나의 아픔입니다. 어떻게 하면 '나를 통하여' 교회를 더 사랑하고, 교회를 교회답게 하고, 교회를 고귀하고 위대하게 만들 수 있을까요? 마음을 열고 이야기해봅시다.

삶의 열매를 거두며

교회의 영광은 나부터 주님의 말씀을 순종하는 것에서 시작합니다. 중요한 것은 내가 원하는 순종이 아니라, 주님이 원하시는 순종입니다. 교회가 세워지고 영광스럽게 되는 그 일을 위해 내가 할 수 있는 작은 걸음이 무엇인지 찾아보고, 남은 생애 동안 주님의 몸 된 교회를 영광스럽게 하는 일에 귀히 쓰임 받는 삶을 살겠다고 결단하는 기도를 올려드립시다.

Lesson 10

거룩한 두려움

사도행전 5:1-11

1 아나니아라 하는 사람이 그의 아내 삽비라와 더불어 소유를 팔아
2 그 값에서 얼마를 감추매 그 아내도 알더라 얼마만 가져다가 사도
들의 발 앞에 두니
3 베드로가 이르되 아나니아야 어찌하여 사탄이 네 마음에 가득하
여 네가 성령을 속이고 땅값 얼마를 감추었느냐
4 땅이 그대로 있을 때에는 네 땅이 아니며 판 후에도 네 마음대로
할 수가 없더냐 어찌하여 이 일을 네 마음에 두었느냐 사람에게
거짓말한 것이 아니요 하나님께로다
5 아나니아가 이 말을 듣고 엎드러져 혼이 떠나니 이 일을 듣는 사
람이 다 크게 두려워하더라
6 젊은 사람들이 일어나 시신을 싸서 메고 나가 장사하니라
7 세 시간쯤 지나 그의 아내가 그 일어난 일을 알지 못하고 들어
오니
8 베드로가 이르되 그 땅 판 값이 이것뿐이냐 내게 말하라 하니 이
르되 예 이것뿐이라 하더라
9 베드로가 이르되 너희가 어찌 함께 꾀하여 주의 영을 시험하려 하
느냐 보라 네 남편을 장사하고 오는 사람들의 발이 문 앞에 이르
렀으니 또 너를 메어 내가리라 하니
10 곧 그가 베드로의 발 앞에 엎드러져 혼이 떠나는지라 젊은 사람들
이 들어와 죽은 것을 보고 메어다가 그의 남편 곁에 장사하니
11 온 교회와 이 일을 듣는 사람들이 다 크게 두려워하니라

마음의 문을 열며

그리스도인의 순도(純度)는 무엇으로 결정됩니까? 금속의 불순물을 제거하기 위해 정련을 하는 것처럼 그리스도인의 삶도 순전함을 얻기 위해서 영적 정련의 과정이 필요합니다. 이처럼 그리스도인으로서 삶의 순도를 높여야 하는 이유는, 그럴 때에야 거친 세상의 유혹이나 공격에도 흔들림이 없고, 주님의 요구에 예민하게 반응할 수 있기 때문입니다.

어떻게 해야 내 삶에 기생하여 좀먹고 있는 세상의 미진(微塵)들을 떨쳐낼 수 있을까요? 먼저 확대경으로 들여다보아야 합니다. 그래야만 내 삶의 몰골을 제대로 볼 수 있습니다. 그리스도인에게는 하나님에 대한 거룩한 두려움이 나를 제대로 바라보는 렌즈가 될 수 있습니다.

하나님에 대한 거룩한 두려움은 영적인 무감각을 막고 내 몸의 방자함을 제거하는 강력한 무기입니다. 오늘 말씀 속에서 하나님을 두려워하는 것이 어떻게 내 삶을 정련하는지, 내 몸에 기생하는 세상의 더께를 제거하는지 살펴볼 수 있기를 바랍니다.

말씀의 씨를 뿌리며

1. 오순절 성령강림으로 예루살렘 교회가 태동했으며, 베드로의 강력한 복음 전도 설교를 통하여 수많은 사람들이 회개하고 복음을 받아들였습니다. 이처럼 초대교회가 부흥하던 중에 아나니아와 삽비라 부부의 비극적인 사건이 발생합니다. 성경에서 말하는 이들의 죄는 무엇입니까?

• 3절

• 9절

2. 아나니아와 삽비라가 성령을 속이기 전에 성경은 사탄이 아나니아의 마음에 가득했다고 표현합니다. 사탄은 그들 속에서 어떤 욕망이 샘솟도록 마음을 격동시켰을까요? 평소에 하나님께서 허락하지 않는 행동을 할 때 당신 속에서 일어나는 생각을 반추하며 대답해 보세요. (참고. 행 4:36-37; 마 6:1)

3. 언뜻 보면 아나니아와 삽비라 부부에게 지나친 비극이 닥쳤다고 생각할 수 있습니다. 그들은 나름대로 헌신한 사람이었고, 예나 지금이나 자신의 소유를 팔아 그 일부를 헌금하는 것은 쉬운 일이 아니기 때문입니다. 그럼에도 성경은 이 사건을 자세히 기록했습니다. 5절과 11절에 나타난 공통된 어구를 보면서 성령께서 이들의 죄를 엄히 여겼던 이유를 생각해보세요.

• 5절

• 11절

4. 예루살렘 교회는 아나니아와 삽비라에게 일어난 하나님의 징벌을 보면서, 하나님은 결코 인간에게 속지 않으신다는 사실과 하나님을 속이려는 것이 얼마나 큰 죄인지를 깨닫고 거룩한 두려움에 휩싸였습니다. 오늘날 우리는 직접적으로 성령을 속이며 살지는 않는다고 해도, 일상에서 성령을 근심하게 하며 살고 있지는 않습니까? 다음 성경 구절을 참고하여 자신의 삶을 돌아보고 돌이킬 것은 없는지 적어보세요.

• 엡 4:25-32

5. 하나님을 우주의 창조주로 믿는 사람과 저절로 우주가 생겼다고 믿는 무신론자의 극명한 차이는 거룩한 두려움의 유무라고 할 수 있습니다. 세상에서는 다른 사람들이 모르기만 하면 그것으로 끝입니다. 그래서 가족도 속이고, 배우자도 속이며 삽니다. 그러나 그리스도인은 어떤 경우에도 성령을 속일 수 없습니다. 당신에게는 하나님에 대한 거룩한 두려움이 있습니까? 이것을 방해하는 것이 있다면 말해보세요.

6. 다음 글을 읽고 왜 교회와 교회의 일원은 하나님에 대해 거룩한 두려움을 가져야 하는지 생각해봅시다.

언제부터인가 교회 내에서 거룩한 두려움이 사라졌습니다. 하나님을 친구처럼만 생각하지, 심판자로 여기지는 않습니다. 하나님을 자신의 필요를 채우는 도우미 정도로 생각하는 사람들이 있습니다. 물론 신약시대를 사는 우리는 하나님의 자녀로서 언제든지 하나님 앞에 나아갈 수가 있고, 하나님께 우리의 필요를 요청할 수 있습니다. 그러나 여기에는 거룩한 두려움이 함께 가야 합니다. 하나님에 대한 경건한 두려움, 거룩한 두려움이 사라진 교회는 자칫하면 자신의 감정이나 기분을 해결하는 사교장으로 전락됩니다.

아나니아와 삽비라 사건은 예루살렘 교회가 믿음의 공동체로서 신앙의 아름다운 꽃들을 활짝 피우는 중에 일어난 사건입니다. 누가가 이 사건을 자세하게 기록한 이유는 무엇일까요? 그는 교회가 태동하는 시기에 누가 교회의 주인이며, 누가 교회를 이끄시는 분인지를 분명히 알게 하고자 했습니다.

오늘날 많은 교인들이 교회를 자신의 생각대로, 자신의 입맛대로 만지작거리는 경향이 있습니다. 어떤 사람은 우리 한 사람 한 사람이 성전이라는 사실을 잘못 이해하여, 마치 신자 몇 사람이 모이면 그것이 교회의 전부인 것처럼 생각하기도 합니다. 그러나 로버트 뱅크스는 이렇게 말합니다. "교회는 그 구성원에게 속한 것도 아니고, 그들이 속한 지역에 속한 것도 아니다. 교회는 교회를 있도록 하신 분, 즉 교회의 길이 되신 그리스도께 속한 것이다."

7. 초대교회의 태동과 부흥을 알리는 사도행전의 서두에 아나니아와 삽비라의 사건이 기록된 것은 명백한 이유가 있습니다. 여기에는 어떤 경우에도 교회의 순수함과 성결함을 훼손하지 않도록 하려는 하나님의 의도가 있습니다. 지금 내가 하는 행동 중에서 주의 몸 된 교회의 성결을 훼손하는 것은 없는지 살핀 후에, 교회 공동체의 성결을 위해서 내가 할 수 있는 일은 무엇이 있는지 나눠봅시다.

삶의 열매를 거두며

세상이 주는 두려움은 사람을 위축시키지만, 하나님에 대한 거룩한 두려움은 내 속의 불순물을 제거하고 방자한 삶에 빠지지 않게 합니다. 남은 인생길에서 언제나 하나님의 위엄과 통치와 심판을 마음에 품고, 두려움과 경외감으로 하나님을 인정하는 삶을 살기로 결심하는 기도를 올려드립시다.

Lesson 11

이런 교회가 성령 충만한 교회

사도행전 5:12-42

12 사도들의 손을 통하여 민간에 표적과 기사가 많이 일어나매 믿는
사람이 다 마음을 같이하여 솔로몬 행각에 모이고
13 그 나머지는 감히 그들과 상종하는 사람이 없으나 백성이 칭송하
더라
14 믿고 주께로 나아오는 자가 더 많으니 남녀의 큰 무리더라
15 심지어 병든 사람을 메고 거리에 나가 침대와 요 위에 누이고 베
드로가 지날 때에 혹 그의 그림자라도 누구에게 덮일까 바라고
16 예루살렘 부근의 수많은 사람들도 모여 병든 사람과 더러운 귀신
에게 괴로움 받는 사람을 데리고 와서 다 나음을 얻으니라
17 대제사장과 그와 함께 있는 사람 즉 사두개인의 당파가 다 마음에
시기가 가득하여 일어나서
18 사도들을 잡아다가 옥에 가두었더니
19 주의 사자가 밤에 옥문을 열고 끌어내어 이르되
20 가서 성전에 서서 이 생명의 말씀을 다 백성에게 말하라 하매
21 그들이 듣고 새벽에 성전에 들어가서 가르치더니 대제사장과 그
와 함께 있는 사람들이 와서 공회와 이스라엘 족속의 원로들을 다
모으고 사람을 옥에 보내어 사도들을 잡아오라 하니
22 부하들이 가서 옥에서 사도들을 보지 못하고 돌아와
23 이르되 우리가 보니 옥은 든든하게 잠기고 지키는 사람들이 문에
서 있으되 문을 열고 본즉 그 안에는 한 사람도 없더이다 하니
24 성전 맡은 자와 제사장들이 이 말을 듣고 의혹하여 이 일이 어찌
될까 하더니
25 사람이 와서 알리되 보소서 옥에 가두었던 사람들이 성전에 서서
백성을 가르치더이다 하니

26 성전 맡은 자가 부하들과 같이 가서 그들을 잡아왔으나 강제로 못
함은 백성들이 돌로 칠까 두려워함이더라
27 그들을 끌어다가 공회 앞에 세우니 대제사장이 물어
28 이르되 우리가 이 이름으로 사람을 가르치지 말라고 엄금하였으
되 너희가 너희 가르침을 예루살렘에 가득하게 하니 이 사람의 피
를 우리에게로 돌리고자 함이로다
29 베드로와 사도들이 대답하여 이르되 사람보다 하나님께 순종하는
것이 마땅하니라
30 너희가 나무에 달아 죽인 예수를 우리 조상의 하나님이 살리시고
31 이스라엘에게 회개함과 죄 사함을 주시려고 그를 오른손으로 높
이사 임금과 구주로 삼으셨느니라
32 우리는 이 일에 증인이요 하나님이 자기에게 순종하는 사람들에
게 주신 성령도 그러하니라 하더라
33 그들이 듣고 크게 노하여 사도들을 없이하고자 할새
34 바리새인 가말리엘은 율법교사로 모든 백성에게 존경을 받는 자
라 공회 중에 일어나 명하여 사도들을 잠깐 밖에 나가게 하고
35 말하되 이스라엘 사람들아 너희가 이 사람들에게 대하여 어떻게
하려는지 조심하라
36 이전에 드다가 일어나 스스로 선전하매 사람이 약 사백 명이나
따르더니 그가 죽임을 당하매 따르던 모든 사람들이 흩어져 없어
졌고
37 그 후 호적할 때에 갈릴리의 유다가 일어나 백성을 꾀어 따르게
하다가 그도 망한즉 따르던 모든 사람들이 흩어졌느니라
38 이제 내가 너희에게 말하노니 이 사람들을 상관하지 말고 버려두
라 이 사상과 이 소행이 사람으로부터 났으면 무너질 것이요
39 만일 하나님께로부터 났으면 너희가 그들을 무너뜨릴 수 없겠고
도리어 하나님을 대적하는 자가 될까 하노라 하니
40 그들이 옳게 여겨 사도들을 불러들여 채찍질하며 예수의 이름으
로 말하는 것을 금하고 놓으니
41 사도들은 그 이름을 위하여 능욕 받는 일에 합당한 자로 여기심을
기뻐하면서 공회 앞을 떠나니라
42 그들이 날마다 성전에 있든지 집에 있든지 예수는 그리스도라고
가르치기와 전도하기를 그치지 아니하니라

마음의 문을 열며

2,000여 년 전이나 지금이나 교회가 이 땅에서 생명으로 역사하는 비결은 무엇일까요? 교회는 그곳에 성령께서 계시느냐 그렇지 않느냐에 따라 진정한 교회로 존재하느냐 그렇지 않느냐가 결정됩니다. 그래서 무형교회로서의 믿는 우리 자신이 그리고 유형교회로서의 우리 교회가 늘 성령 충만하기를 기도해야 합니다.

그런데 어떤 교회가 과연 성령 충만한 교회인지, 어떤 성도가 성령 충만한 사람인지를 물으면 적지 않은 교인들이 대답하기를 주저하거나 구체적으로 말하지 못합니다. 이런 질문과 대답이 중요한 이유는 바로 그것이 언제 어디서나 그리스도인으로서 나 자신의 진면목을 살펴볼 수 있게 하고, 또 기준에 미치지 못한다면 돌이킬 수 있는 길을 제시해주기 때문입니다.

오늘 말씀 속에 등장하는 성령 충만의 현장을 살펴보고, 우리 교회와 내가 성령 충만의 삶을 살도록 각성하고 능력을 확보하는 시간이 되기를 바랍니다.

말씀의 씨를 뿌리며

1. 예루살렘 교회는 아나니아와 삽비라 사건을 통하여 거짓의 영을 쫓아내고 거룩한 두려움으로 정화되면서 더욱 하나님께서 원하시는 성령 충만한 교회로 우뚝 세워지고 있습니다. 교회가 성령 충만할 때 일어나는 현상은 무엇입니까?

• 12–14절

2. 하나님은 오순절 성령의 기름 부음으로 시작된 초대교회가 더욱 든든히 교회의 터를 닦을 수 있도록 특별한 은혜를 부어주셨습니다. 그 내용을 말해보세요.

• 15–16절

3. 성령의 역사가 강력할수록 마귀는 하나님의 나라가 세워지는 것을 어떻게든 막기 위해서 공격합니다. 본문에 나타난 마귀의 방해는 무엇입니까?

• 17절

• 33절

4. 대제사장을 비롯한 종교 지도자들은 자신들이 원하는 대로 사도들을 체포할 수 있는 권세가 있었습니다. 그럼에도 본문은 권세를 가진 종교 지도자들의 두려움과 사도들이 생명의 말씀을 담대하게 전하는 모습을 대비해서 보여주고 있습니다. 종교 지도자들의 두려움과 사도들의 담대함을 정리해보고, 왜 이것이 성령 충만한 교회의 모습인지 생각해보세요.

• 종교 지도자들의 두려움(18, 26, 40절)

• 사도들의 담대함(25, 41절)

5. 성령 충만한 교회는 말씀으로 책망 받는 교회요, 예수님의 죽음과 부활을 믿고 전하는 복음의 순전함을 가진 교회요, 사탄의 공격을

영적 통찰로 분별하는 교회요, 그리스도를 위하여 능욕 받는 것을 기쁘게 여기는 교회입니다. 이것은 지상 교회는 물론이요 자신의 몸이 하나님의 성전인 그리스도인에게도 적용됩니다. 당신은 앞서 언급한 성령 충만한 교회의 특징을 나타내며 살고 있습니까? 그렇지 못하다면 그 이유를 서로 나눠보세요.

6. 다음 글을 읽고 교회의 진정한 부흥은 언제나 성령과의 올바른 관계에서 시작된다는 사실을 생각해봅시다.

성경적 부흥이란 무엇입니까? 20세기 기독교 지성을 대표하는 프란시스 쉐퍼가 너무도 선명하게 정의하고 있습니다. "부흥이란 그리스도인의 삶을 되찾는 것이고, 성령과 올바른 관계를 맺고 사는 것이다." 부흥이란 그리스도인다운 삶을 회복하는 것이며, 성령과 바른 관계를 맺고 사는 것입니다. 특히 성령과 올바른 관계를 맺는 것이 부흥이라는 말에 주목하십시오. 이런 면에서 누구나 성령과 관계를 맺을 수 있게 된 결정적 사건인 오순절 성령강림은 사탄에게 가장 치명적이었을 것입니다. 아나니아와 삽비라 사건은 성도가 성령과의 관계를 끊게 하려는 사탄의 계략이었습니다. 그렇기 때문에 베드로는 "어찌하여 사탄이 네 마음에 가득하여 네가 성령을 속이느냐"라고 꾸짖었습니다.

7. 우리가 그토록 성령 충만한 삶을 원하지만 하나님께서 미워하시는 습관적인 죄를 해결하지 않고 가족이나 배우자, 동료나 이웃에 대한 뿌리 깊은 미움을 가진 채로는 성령께서 원하시는 삶을 살 수가 없습니다. 이러한 진리를 알면서도 여전히 습관적인 죄에서 떠나지 못하고, 형제 사랑을 행하지 못하는 이유를 이야기해봅시다.

삶의 열매를 거두며

가슴에 품은 빛은 결코 숨길 수 없듯이 성령 충만은 반드시 삶으로 나타나야 합니다. 말씀을 통하여 자신을 책망하는 삶을 살고 있는지, 마귀의 공격을 영적으로 통찰하며 보고 있는지, 역경 속에서도 예수 믿는 기쁨이 있는지 다시 한번 돌아봅시다. 이것이 살아 있는 교회, 살아 있는 신자의 성령 충만한 표지입니다. 오늘 말씀 속에서 깨달은 교훈에 비추어 나의 부족함을 돌아보고, 삶 속에서 구체적으로 성령을 드러낼 수 있도록 결단하는 기도를 올려드립시다.

Lesson 12

그리스도인의 갈등 해결

사도행전 6:1-7

1 그때에 제자가 더 많아졌는데 헬라파 유대인들이 자기의 과부들이
매일의 구제에 빠지므로 히브리파 사람을 원망하니
2 열두 사도가 모든 제자를 불러 이르되 우리가 하나님의 말씀을 제
쳐놓고 접대를 일삼는 것이 마땅하지 아니하니
3 형제들아 너희 가운데서 성령과 지혜가 충만하여 칭찬 받는 사람
일곱을 택하라 우리가 이 일을 그들에게 맡기고
4 우리는 오로지 기도하는 일과 말씀 사역에 힘쓰리라 하니
5 온 무리가 이 말을 기뻐하여 믿음과 성령이 충만한 사람 스데반과
또 빌립과 브로고로와 니가노르와 디몬과 바메나와 유대교에 입교
했던 안디옥 사람 니골라를 택하여
6 사도들 앞에 세우니 사도들이 기도하고 그들에게 안수하니라
7 하나님의 말씀이 점점 왕성하여 예루살렘에 있는 제자의 수가 더
심히 많아지고 허다한 제사장의 무리도 이 도에 복종하니라

마음의 문을 열며

당신에게서나 혹은 당신 가까이에서 고약한 냄새를 풍겨 가장 멀리하고 싶은 것은 무엇입니까? 성경은 만물보다 거짓되고 심히 부패한 것이 인간의 마음이라고 말씀합니다. 아담 이후로 하나님께 반역하는 마음을 그대로 두면 자신은 물론이요 주변까지 썩은 냄새를 진동시키게 됩니다.
예수님을 믿어도 이러한 속성은 남아 있기에, 교회 공동체 속에서도 부패한 마음들이 부딪히고, 상처를 주고 서로 갈등하는 것은 어쩔 수가 없습니다.
비록 우리 마음이 이런 부패한 속성을 가지고 있다고 해도 예수님을 중심에 모시기만 하면 갈등을 피하는 것은 물론, 오히려 사람들을 위로하는 근원이 될 수도 있습니다.
오늘 말씀에서 우리가 갈등 대신에 어떻게 사람을 세우며 복음을 흥왕하게 할 수 있는지를 깨닫고, 우리의 속사람이 새로워지는 시간이 되기를 바랍니다.

말씀의 씨를 뿌리며

1. 마귀는 초대교회가 성령의 역사하심으로 든든히 세워지는 것을 견딜 수 없었습니다. 그래서 앞서 4장에서는 종교 지도자들을 통해 교회를 핍박했습니다. 그럼에도 성공하지 못하자 내부를 공격하기 시작했습니다. 부흥하는 예루살렘 교회에 어떤 어려움이 생겼습니까?

• 1절

2. 지상 교회는 예수님의 피로 구속을 받은 사람들의 공동체이지만, 여전히 이 땅에 사는 한 죄에서 자유롭지 못한 사람들의 공동체이기도 합니다. 그래서 불평과 원망과 시비가 언제나 도사리고 있고, 기회만 있으면 마귀는 작은 오해를 충동질하여 교회를 분열시키려고 합니다. 중요한 것은 이러한 때에 마귀를 대적하는 자세입니다. 구제를 둘러싸고 일어난 원망에 대해 사도들은 어떻게 대처합니까?

• 2-4절

3. 갈등이 해결된 후 예루살렘 교회에서 어떤 일이 일어나고 있는지 세 가지 현상을 정리해보세요.

• 7절

4. 신앙 공동체 속에서 원망과 불평의 바이러스가 퍼지는 것이 무서운 이유는 무엇일까요? 원망과 불평이 삶에서 하나님과의 관계를 멀어지게 했던 경험이 있다면 이야기해봅시다. (참고. 시 106:25)

5. 교회나 신자가 문제에 직면했을 때 성경이 보여주는 해결책은 신앙의 우선순위를 분명하게 하는 것입니다. 사도들은 예루살렘 교회가 갈등에 직면하자, 우선순위를 확인하고 그대로 실천함으로써 갈등을 해결해나갔습니다. 당신이 붙들어야 할 신앙의 우선순위는 무엇입니까?

6. 다음 글을 읽고 교회가 말씀과 기도에 집중하지 못하도록 마귀가 얼마나 집요하게 방해하는지 생각해봅시다.

교회가 태동하던 때에는 교회를 허물기 위해서 사탄이 얼마나 혈안이 되었는지를 볼 수 있습니다. 사탄은 교회 지도자들의 말씀 사역과 기도를 막으려고 했습니다. 교회가 부흥하자 유대 지도자들은 왜 교회가 부흥하는지 한눈에 파악했습니다. 그래서 그들은 사도들을 불러 "예수의 이름으로 말하지도 말고 가르치지도 말라"고 위협했습니다(행 4:17-18).
그러나 이 전략이 실패하자 사탄은 교회를 부패시키기 위해서 아나니아와 삽비라를 부추겨 공명심과 거짓의 바이러스를 집어넣으려고 했습니다. 이 또한 실패하자 이번에는 그럴듯한 명분을 동원해서 사도들이 하나님의 말씀을 제쳐놓도록 했습니다(행 6:2).
그러므로 교회에서 이런저런 일로 사역자가 말씀과 기도를 소홀히 하게 만드는 모든 밑바닥에는 사탄의 철저한 계략이 숨어 있음을 알아야 합니다.

7. 신앙 공동체 속에서 원망과 불평이 무서운 이유는 이것이 하나님의 음성을 듣지 못하게 방해하기 때문입니다. 교회 내 갈등의 순간이 위기로 발전할지, 아니면 예루살렘 교회처럼 은혜의 기회로 작동할지는 공동체가 신앙의 우선순위를 어디에 두느냐에 달려 있습니다. 지금 당신이 속한 공동체에는 원망이나 불평의 소리가 들리지 않습니까? 그것이 하나님의 음성을 듣지 못하게 방해한다면 교회 공동체가 신앙의 최우선순위로 무엇을 선택할 수 있는지 나눠보세요.

삶의 열매를 거두며

원망과 불평은 부패한 마음이 지배하는 옛사람의 속성입니다. 사람의 의지나 반성으로는 부패한 마음의 중력을 끊어낼 수가 없습니다. 원망과 불평에서 벗어나는 길은 예수님을 온전히 심령의 주인으로 모시는 것입니다. 내 마음속에서 지우고 싶은 사람, 원수 같은 사람이 있다면, "주님을 내 마음의 중심에 모십니다. 내 마음을 온전히 다스려주시옵소서"라고 간절히 기도를 드립시다. 이것은 나를 괴롭히고, 나와 갈등을 겪는 사람의 머리에 숯불을 얹는 것입니다. 원망스럽고, 원수 같은 사람을 위해 기도할 때에 성령께서 갈등 해결의 능력으로 함께하시길 소원합니다.

Lesson 13

성령 충만한 삶의 역할 모델

사도행전 6:8-7:53

6:8 스데반이 은혜와 권능이 충만하여 큰 기사와 표적을 민간에 행하니
9 이른바 자유민들 즉 구레네인, 알렉산드리아인, 길리기아와 아시
아에서 온 사람들의 회당에서 어떤 자들이 일어나 스데반과 더불
어 논쟁할새
10 스데반이 지혜와 성령으로 말함을 그들이 능히 당하지 못하여
11 사람들을 매수하여 말하게 하되 이 사람이 모세와 하나님을 모독
하는 말을 하는 것을 우리가 들었노라 하게 하고
12 백성과 장로와 서기관들을 충동시켜 와서 잡아가지고 공회에 이
르러
13 거짓 증인들을 세우니 이르되 이 사람이 이 거룩한 곳과 율법을
거슬러 말하기를 마지 아니하는도다
14 그의 말에 이 나사렛 예수가 이 곳을 헐고 또 모세가 우리에게 전
하여 준 규례를 고치겠다 함을 우리가 들었노라 하거늘
15 공회 중에 앉은 사람들이 다 스데반을 주목하여 보니 그 얼굴이
천사의 얼굴과 같더라

…

7:3 이르시되 네 고향과 친척을 떠나 내가 네게 보일 땅으로 가라 하
시니
4 아브라함이 갈대아 사람의 땅을 떠나 하란에 거하다가 그의 아버
지가 죽으매 하나님이 그를 거기서 너희 지금 사는 이 땅으로 옮
기셨느니라

5 그러나 여기서 발붙일 만한 땅도 유업으로 주지 아니하시고 다만
이 땅을 아직 자식도 없는 그와 그의 후손에게 소유로 주신다고
약속하셨으며
6 하나님이 또 이같이 말씀하시되 그 후손이 다른 땅에서 나그네가
되리니 그 땅 사람들이 종으로 삼아 사백 년 동안을 괴롭게 하리
라 하시고
7 또 이르시되 종 삼는 나라를 내가 심판하리니 그 후에 그들이 나
와서 이곳에서 나를 섬기리라 하시고
8 할례의 언약을 아브라함에게 주셨더니 그가 이삭을 낳아 여드레
만에 할례를 행하고 이삭이 야곱을, 야곱이 우리 열두 조상을 낳
으니라
9 여러 조상이 요셉을 시기하여 애굽에 팔았더니 하나님이 그와 함
께 계셔
10 그 모든 환난에서 건져내사 애굽 왕 바로 앞에서 은총과 지혜를
주시매 바로가 그를 애굽과 자기 온 집의 통치자로 세웠느니라

…

33 주께서 이르시되 네 발의 신을 벗으라 네가 서 있는 곳은 거룩한
땅이니라
34 내 백성이 애굽에서 괴로움 받음을 내가 확실히 보고 그 탄식하는
소리를 듣고 그들을 구원하려고 내려왔노니 이제 내가 너를 애굽
으로 보내리라 하시니라
35 그들의 말이 누가 너를 관리와 재판장으로 세웠느냐 하며 거절하
던 그 모세를 하나님은 가시나무 떨기 가운데서 보이던 천사의 손
으로 관리와 속량하는 자로서 보내셨으니

…

46 다윗이 하나님 앞에서 은혜를 받아 야곱의 집을 위하여 하나님의
처소를 준비하게 하여달라고 하더니
47 솔로몬이 그를 위하여 집을 지었느니라
48 그러나 지극히 높으신 이는 손으로 지은 곳에 계시지 아니하시나
니 선지자가 말한 바
49 주께서 이르시되 하늘은 나의 보좌요 땅은 나의 발등상이니 너희
가 나를 위하여 무슨 집을 짓겠으며 나의 안식할 처소가 어디냐
50 이 모든 것이 다 내 손으로 지은 것이 아니냐 함과 같으니라

51 목이 곧고 마음과 귀에 할례를 받지 못한 사람들아 너희도 너희
조상과 같이 항상 성령을 거스르는도다
52 너희 조상들이 선지자들 중의 누구를 박해하지 아니하였느냐 의
인이 오시리라 예고한 자들을 그들이 죽였고 이제 너희는 그 의인
을 잡아준 자요 살인한 자가 되나니
53 너희는 천사가 전한 율법을 받고도 지키지 아니하였도다 하니라

마음의 문을 열며

시공간이 제한된 삶을 낭비나 누수 없이 충실하게 사는 비결은 무엇일까요? 세상은 즐겁게 살고, 누리며 살고, 때로 베풀며 사는 삶을 잘 사는 것으로 정의합니다. 수많은 책이나 언론 매체는 물론, 하루가 다르게 등장하는 첨단 상품들도 실상은 이런 목적을 위해 존재합니다.

그러나 성경은 피조물인 인간이 삶을 낭비하지 않고 풍성하게 사는 비결은 창조주를 기쁘게 하는 데 있다고 말씀합니다. 어떻게 하면 이 세대를 본받지 않고 늘 마음을 새롭게 하면서 창조주를 기쁘시게 하며 살 수 있을까요? 바로 성령 하나님으로 충만한 삶을 살면 됩니다. 성령은 성부 하나님의 뜻을 늘 우리에게 알려주시고, 그 뜻대로 살도록 능력을 주시는 분이기 때문입니다.

오늘 본문은 인생의 마지막까지 성령으로 충만하여 역경 속에서도 성부 하나님의 뜻을 따라 누수 없는 삶, 풍성한 삶을 살았던 신앙인의 모범을 우리에게 보여주고 있습니다. 성령으로 충만하게 산다는 것이 무슨 뜻인지 살피면서 성령을 사모하고 우리의 중심이 성령 충만을 열망하는 시간이 되기를 바랍니다.

말씀의 씨를 뿌리며

1. 사도들은 자신들에게 맡겨진 최우선 사명인 기도하는 일과 말씀 사역에 전념하기 위하여 성령과 지혜로 충만하고 사람들에게 인정받는 일곱 집사를 세워서 교회의 재정 문제와 구제 문제를 담당하게 합니다. 그중에서 성경에 가장 먼저 소개된 사람은 스데반 집사입니다. 성경은 그를 어떻게 설명하고 있습니까?

• 6:8

• 6:10

2. 스데반의 설교에 반박할 말을 찾지 못한 사람들은 스데반에게 누명을 씌우고 그를 고소하여 공회 앞에 세웁니다. 거짓 증인들을 내세워서 거짓된 죄목을 붙여 스데반을 고소하는 행위는 얼마 전 유대 지도자들이 예수님을 십자가에 못 박기 위해서 사용했던 방식과 다르지 않습니다. 유대인들은 어떤 죄목으로 스데반을 고소했습니까?

• 6:11

• 6:13

3. 스데반은 공회 앞에서, 유대인들이 죽인 예수가 구약에 예언된 메시아임을 증거하고, 성전에 대한 그들의 고소가 잘못되었음을 증명하기 위하여 이스라엘 역사 속에 살아 계신 하나님을 생생하게 드러내고 있습니다. 스데반의 설교에 나타난 아브라함과 요셉과 모세의 삶에 대해서 그리고 하나님께서 그들을 어떻게 인도하셨는지 알맞게 연결해보세요.

7:3–4 아브라함 •	• 믿음으로 순종 •	• 영광의 하나님으로 나타나심
7:9–10 요셉 •	• 연단 속에서의 용서 •	• 환난에서 건져내신 하나님
7:34–35 모세 •	• 깨어짐의 훈련 을 통한 리더십 •	• 사명자로 보내시는 하나님

4. 스데반의 설교를 들었던 대부분은 구약 역사에 정통한 사람들이었습니다. 하지만 그들은 스데반처럼 이스라엘 역사를 구속적으로 이해하지 못했습니다. 같은 역사를 가지고 있었지만 유대 종교 지도자들이 스데반처럼 깨닫지 못한 이유는 무엇일까요?

• 7:51

• 7:53

5. 우리가 신앙생활을 오래 하다 보면 성경의 내용을 잘 안다고 자부하면서도 본문의 유대인들처럼 말씀 속에 나타난 하나님의 진의와 의도를 놓칠 때가 많습니다. 그 결과 알맹이는 잃은 채 껍질만 가지고 사람들을 정죄하거나 비난하는 우를 범하기도 합니다. 당신은 이러한 잘못을 범하고 있지 않습니까?

6. 다음 글을 읽고 성령은 우리의 지정의를 온전하게 하며, 균형 잡힌 신앙 인격으로 이끈다는 사실을 묵상해봅시다.

> 극단으로 치우친 사람이라도 성령께 순복하는 자는 영적으로 균형을 이루게 되어 있습니다. 바울을 보십시오. 그의 지성은 당대 석학인 가말리엘 문하에서 율법을 배웠을 정도로 뛰어났고, 그의 열정은 율법을 위해 목숨을 걸 만큼 뜨거웠고, 그의 의지는 율법의 전통을 훼손하는 사람을 죽이는 데 증인이 될 만큼 단호했습니다.
> 그러던 바울이 예수님을 믿고 성령의 사람이 된 이후에는 율법이 아니라 예수님을 아는 지식을 가장 고상하게 여겼고, '사랑장'이라고 불리는 고린도전서 13장을 쓸 만큼 사랑의 사도가 되었으며, 자기 생각을 추구하는 것에서 예수님을 위해 날마다 죽는 사람으로 바뀌었습니다. 성령께서 그의 지성과 열정과 의지를 건강하고 온전하게 변화시켰습니다. 예수님을 믿기 전에는 믿는 사람들을 죽이러 다녔으나, 예수님을 믿고 성령의 사람이 된 이후에는 예수님을 위해서 죽는 사람으로 바뀌었습니다.

7. 하나님의 말씀을 올바로 깨닫기 위해서는 토저 목사의 말을 귀담아 들을 필요가 있습니다. "주님이 성소의 휘장을 위에서 아래로 찢으셨듯이 우리는 자아의 휘장을 위로부터 아래로 찢어야 한다." 자아의 휘장을 위로부터 아래로 찢는다는 것이 무슨 의미인지 생각해보세요. 성령 충만한 삶을 살기 위하여 어떤 결심을 하겠습니까?

삶의 열매를 거두며

성령으로 충만하다는 것은 스데반처럼 예수님의 말씀이 그 속에 가득하고, 그 말씀대로 순종하는 삶을 산다는 뜻입니다. 그러므로 진정 성령 충만을 소원한다면 가장 먼저 내 삶을 말씀으로 가득 채우고, 그 말씀대로 살기로 결심하며 또한 실천해야 합니다. 말씀으로 가득 찬 삶을 위해 내가 지금 무엇을 실천할 수 있는지 한두 가지를 적어 보고, 그렇게 살 수 있도록 성령의 도우심을 구하는 기도를 올려드립시다.

Lesson 14

순교자의 피는 말한다

사도행전 7:54-60

54 그들이 이 말을 듣고 마음에 찔려 그를 향하여 이를 갈거늘
55 스데반이 성령 충만하여 하늘을 우러러 주목하여 하나님의 영광
과 및 예수께서 하나님 우편에 서신 것을 보고
56 말하되 보라 하늘이 열리고 인자가 하나님 우편에 서신 것을 보노
라 한대
57 그들이 큰 소리를 지르며 귀를 막고 일제히 그에게 달려들어
58 성 밖으로 내치고 돌로 칠새 증인들이 옷을 벗어 사울이라 하는
청년의 발 앞에 두니라
59 그들이 돌로 스데반을 치니 스데반이 부르짖어 이르되 주 예수여
내 영혼을 받으시옵소서 하고
60 무릎을 꿇고 크게 불러 이르되 주여 이 죄를 그들에게 돌리지 마
옵소서 이 말을 하고 자니라

마음의 문을 열며

성경 말씀 중에서도 언제나 마음을 거룩한 격동으로 고동치게 하는 부분이 있습니다. 히브리서 11:36 이하에는 예수님을 위하여 참혹한 순교의 길을 택한 신앙 선조들이 나옵니다. 이들이 자신의 목숨을 내어놓으면서 소원했던 것은 무엇이었을까요?

오늘 우리는 스데반의 순교 현장을 읽으면서 예수님을 위해 목숨을 던진 신앙 선조들의 피가 외치는 소리에 귀를 기울여야 합니다. 그리고 나의 신앙고백을 순교자의 피로 얼룩진 증언대 위에 둘 수 있어야 합니다.

하나님께서 누가를 통해서 스데반의 순교 현장을 이토록 생생하게 기록한 목적이 무엇인지 들여다봅시다. 그리하여 세속에 오염된 나의 심신이 말씀 속에서 정화되고, 예수님과 복음을 위하여 일사각오의 다짐과 재헌신을 하는 시간이 되기를 바랍니다.

말씀의 씨를 뿌리며

1. 조상들이 아브라함과 요셉과 모세를 인도하신 하나님께 불순종했고, 하나님의 선지자들을 박해하고 죽였다는 스데반의 설교를 들었을 때, 유대인들은 어떤 반응을 보였습니까? 베드로의 설교를 들었던 군중의 반응과 비교해서 말해보세요. (참고. 행 2:37)

• 54절

2. 마음을 찌르는 설교를 듣고 회개하는 대신에 오히려 분노로 가득 차 살기등등했던 유대인들 앞에서 스데반은 두려움과 공포가 아니라 성령 충만한 모습으로 서 있었습니다. 성령 충만한 스데반이 하늘을 우러러 주목하면서 보았던 것은 무엇입니까?

• 55-56절

3. 스데반은 하늘이 열리고 인자가 하나님 우편에 서신 것을 보았습니다. 성경학자들은 예수님께서 하나님의 우편에 서서 스데반의 순

교 현장을 보고 계시다는 사실에 주목합니다. 여기에 대한 당신의 생각을 말해보세요. (참고. 히 12:2b)

4. 스데반은 분노에 찬 유대인들의 돌에 맞아 쓰러졌습니다. 그의 몸 위로 돌무더기가 쌓여갈 때 스데반은 무릎을 꿇고 마지막 숨을 내쉬며 하나님께 순교의 기도를 드렸습니다. 그 내용은 무엇입니까?

• 59-60절

5. 스데반이 죽기 직전에 자기를 돌로 친 유대인들을 위해 드린 기도 내용은 예수님이 십자가에서 돌아가실 때 하셨던 말씀과 동일합니다(눅 23:34). 이 사실이 예수님을 구주로 믿는 당신에게 주는 의미를 생각하면서, 이제 남은 생애 동안 어떻게 살아야 하는지 느끼는 바를 이야기해보세요.

6. 다음 글을 읽고 그리스도인은 "어떻게 죽을까?"가 "어떻게 살 것인가?"를 결정한다는 것에 대해서 묵상해봅시다.

6·25 사변 당시 충남에서 강경침례교회를 담임하셨던 이종덕 목사님의 이야기입니다. 조용하던 강경 지방에 어느 날 공산군이 들어오자 마을 사람들은 두려워하기 시작했습니다. 그래서 그다음 날부터 사람들은 공산군의 눈 밖에 나지 않기 위해 모두들 공산주의자처럼 행동했습니다. 예수 믿는 사람은 자신이 그리스도인임을 숨겼습니다. 이 상황을 지켜보던 목사님은 후배 목사에게 두껍고 큰 종이를 가지고 갔습니다.

"목사님, 이 두꺼운 종이로 무엇을 하려고 그러십니까?"

"내 명함을 만들려고 하네."

"생전 명함 한 장 없다가 갑자기 무슨 명함입니까?"

목사님은 말없이 종이를 자르시고 거기에 '강경침례교회 목사 이종덕'이라고 쓰셨습니다.

"그런데 목사님, 이 명함을 어디에 쓰시려고 하십니까?"

"경찰이고 공산당원이고 내가 만나는 사람마다 모두 나눠 주려고 하네."

"아이고 목사님, 큰일이라도 당하면 어떻게 하시려고요."

"아니, 이 사람이! 자네도 그리스도인이라는 것이 부끄러운가? 내가 복음을 전하는 목사라는 사실을 숨겨야 할 이유가 어디 있나?"

이종덕 목사님은 그 명함을 뿌리고 다니시면서 복음을 전하다가 결국 공산군의 총탄에 맞아 순교하셨습니다. [4)]

7. 순교의 현장에서 스데반이 흘렸던 그 핏속에서 우리가 선명하게 보아야 할 것은 첫째로 그 모든 것을 압도하고 뛰어넘는 하나님의 영광이 있다는 점이고, 둘째로 진정 믿는 자는 예수님처럼 말하고 예수님처럼 살고 예수님처럼 죽는다는 것입니다. 그렇다면 당신도 스데반처럼 "나도 복음을 위해 살고 복음을 위해 죽겠다"고 결심할 수 있습니까? 복음에 맞서 돌로 치려는 사람들을 위해 진정으로 기도할 수 있습니까? 서로 솔직한 마음을 이야기해봅시다.

삶의 열매를 거두며

일상에서 믿는 자가 순교자처럼 헌신하는 길은 거룩한 산 제물이 되는 것입니다. 신앙을 위하여 산 제물이 된다는 것은 예수님 때문에 자신이 보고 싶고, 하고 싶고, 갖고 싶은 것을 절제하는 것입니다. 또 "나는 날마다 죽노라"는 사도 바울의 고백처럼 오직 예수님을 위하여 날마다 자기를 부인하는 삶을 선언하며 실제로 그렇게 살아가는 것입니다. 비록 21세기 한국 사회에서 순교하는 것은 어렵다고 할지라도, 일상에서 예수님을 위해 자신을 부인하며 담대하게 복음의 삶을 살기로 다짐하고 그렇게 실천할 수 있도록 성령의 도움을 구하는 기도를 드립시다.

Lesson 15

핍박 가운데 큰 기쁨이 있더라

사도행전 8:1-8

1 사울은 그가 죽임 당함을 마땅히 여기더라 그날에 예루살렘에 있
는 교회에 큰 박해가 있어 사도 외에는 다 유대와 사마리아 모든
땅으로 흩어지니라
2 경건한 사람들이 스데반을 장사하고 위하여 크게 울더라
3 사울이 교회를 잔멸할새 각 집에 들어가 남녀를 끌어다가 옥에 넘
기니라
4 그 흩어진 사람들이 두루 다니며 복음의 말씀을 전할새
5 빌립이 사마리아성에 내려가 그리스도를 백성에게 전파하니
6 무리가 빌립의 말도 듣고 행하는 표적도 보고 한마음으로 그가 하
는 말을 따르더라
7 많은 사람에게 붙었던 더러운 귀신들이 크게 소리를 지르며 나가
고 또 많은 중풍병자와 못 걷는 사람이 나으니
8 그 성에 큰 기쁨이 있더라

마음의 문을 열며

그리스도인에게 기쁨은 환경과 조건을 넘어서는 것입니다. 중요한 것은 행복이 삶의 목적인 세상과 달리, 우리 그리스도인은 기쁨의 원천이신 하나님을 갈망함으로 살아간다는 사실입니다. 어떻게 해야 내가 처한 혹독한 상황 속에서도 하나님을 갈망하는 법을 배우고, 그렇게 실천할 수 있을까요?

오늘 본문은 믿는 자들에게 도전과 숙제를 안겨주고 있습니다. 스데반의 순교라는 큰 환란을 당한 초대교회는 박해를 받아 사방으로 흩어지게 되었습니다. 그런데 핵심 구절인 8절을 보면 복음을 받아들인 사마리아성에 큰 기쁨이 있었습니다.

세상의 문법으로는, 박해 후에 기쁨이 성립될 수 없습니다. 그런데 성경의 문법은 박해 가운데서도 큰 기쁨입니다. 내가 지금 직면하고 있는 많은 어려움들, 고통들, 문제들 속에서 과연 우리는 기뻐할 수 있을까요? 세상은 아니라고 말하지만, 성경은 그렇다고 말합니다.

역경 속에서도 하나님께서 주시는 기쁨을 발견하고 삶 속에서 실제로 누리는 신령한 비밀에 눈을 뜰 수 있기를 바랍니다.

말씀의 씨를 뿌리며

1. 유대 종교 지도자들은 스데반을 죽인 것을 자신들의 승리로 여겼고, 이를 계기로 예루살렘 교회를 크게 박해하기 시작했습니다. 성경은 당시의 핍박을 어떻게 기록하고 있습니까?

• 1절

2. 교회를 핍박하는 데 앞장선 사람은 사울이었습니다. 그가 어떻게 교회를 박해했습니까? (참고. 행 26:11)

• 3절

3. 겉으로 보면 복음을 대적하는 마귀의 세력이 이긴 것처럼 보입니다. 예루살렘 교회는 공중분해가 된 것처럼 보이고, 예수 믿는 사람들은 지하로, 밖으로 흩어졌습니다. 예루살렘 지역에는 어떤 교인도 보이지 않는 지경에 이르렀습니다. 사탄은 교회가 세워지는 싹을 자르려고 궤계를 부렸으나 오히려 사탄의 방해는 복음이 확산되는 기회가 되었습니다. 그 이유를 설명해보세요.

• 4절

4. 사도행전 6장에서 사도들은 말씀 전하는 것과 기도에 전념하기 위해 일곱 집사를 세웠습니다. 성경에는 그중에서 두 사람의 행적을 기록하고 있는데, 첫 번째인 스데반은 순교를 당했습니다. 그리고 박해를 피하여 사마리아로 내려간 빌립이 본문에 등장합니다. 그곳에서 빌립이 행한 일을 말해보세요.

• 5절

5. 우리는 본문에 나타난 사실을 두고, "사탄의 핍박이 오히려 복음 전도로 이어졌다"라는 식으로만 단순하게 말해서는 안 됩니다. 자칫하면 복음을 위하여 자신의 목숨을 내어놓은 성도들의 헌신과 용기를 간과할 수 있기 때문입니다. 본문의 배경이 되는 때는 극한 환란의 시기이고, 목숨을 위해서는 조용히 있는 것이 상식입니다. 그러나 빌립은 스데반의 순교에도 불구하고 복음 전하는 일을 쉬지 않았습니다. 그 결과 사마리아성에 큰 기쁨이 있었습니다. 이 사실이 그리스도를 믿는 당신에게 어떤 도전을 줍니까?

6. 다음 글을 읽고 핍박이 복음의 통로가 될 수 있다는 사실에 대해 묵상해봅시다.

우리나라의 경우 초기 선교사들이 핍박 때문에 흩어질 때마다 지방에 교회가 더 세워졌습니다.
가깝게는 전남 신안 증도를 보십시오. 그곳에서 문준경 전도사는 섬마을을 다니며 수많은 사람들에게 복음을 전했습니다. 문 전도사는 17세에 증도로 시집을 갔는데, 신혼 첫날에 이미 다른 여자와 살림을 차리고 있던 신랑에게 소박을 맞았습니다. 남편 없는 시집살이를 20년간 하다가 시부모마저 세상을 떠나자 재봉틀 하나만 들고 목포로 나갔고, 거기서 이성봉 목사님이 개척한 북교동 교회 전도 대원을 만나 신앙을 가지게 되었습니다. 남편에게 받지 못한 사랑을 교회에서 체험한 그는 자신이 받은 예수님의 사랑을 다른 사람에게도 전해야겠다고 결심하고 신안 앞바다의 수많은 섬들을 다니면서 전도를 했습니다. 예나 지금이나 섬마을에는 무속신앙이 강하게 뿌리내린 곳이 많습니다. 문 전도사를 통해 증도면 27개 섬에 10개의 교회가 세워졌습니다. 그러다가 6·25 전쟁 중에 반동분자라는 이유로 북한군의 총에 맞아 세상을 떠났습니다.
그를 통해 100여 명의 목회자가 배출되었고, 지금은 고인이 된 김준곤 목사도 그가 신앙으로 낳은 아들입니다. 문 전도사가 개척한 증동리 교회 입구에 세워진 기념비에는 요한복음 12:24 말씀이 붉은 글씨로 새겨져 있습니다. "밀알 한 개가 따(땅)에 떠러저(떨어져) 죽으면 많은 열매를 맺나니라."

7. 왜 사마리아 사람들은 빌립의 복음 전도를 통해서 큰 기쁨을 누렸을까요? 단지 병을 고치고 귀신을 쫓아내는 빌립의 이적 때문일까요? 우리는 그동안 우상숭배를 일상으로 삼았던 사마리아 사람들이 그리스도의 복음으로 해방된 기쁨에 녹아졌다는 것을 충분히 생각할 수 있습니다. 이것이 곧 복음이 주는 기쁨입니다. 당신에게는 복음을 통해서 세상에 짓눌렸던 삶을 살다 자유했던 경험, 그로 인하여 감사하고 기뻐하게 된 경험이 있습니까? 복음이 주는 진정한 기쁨에 대해서 이야기해봅시다.

삶의 열매를 거두며

냉소적이고, 거칠며 때로는 적대적인 세상 속에서 말씀이 보여주는 기쁨에 이르는 길은 쉽지 않습니다. 그러나 믿는 자의 혈관 속에는 이미 기쁨의 DNA가 잠재되어 있습니다. 그럼에도 이것이 우리의 체질이 되기까지는 훈련이 필요하고 성령의 도우심도 있어야 합니다. 이제부터는 어떤 어려움 속에서도, 예수님께서 누리고 우리에게 주셨던 그 기쁨을 날마다 발견하고, 일평생 기독교 희락주의자로 살기로 결단하는 기도를 드립시다.

Lesson 16

참된 신앙, 거짓 신앙

사도행전 8:9-25

9 그 성에 시몬이라 하는 사람이 전부터 있어 마술을 행하여 사마리
아 백성을 놀라게 하며 자칭 큰 자라 하니
10 낮은 사람부터 높은 사람까지 다 따르며 이르되 이 사람은 크다
일컫는 하나님의 능력이라 하더라
11 오랫동안 그 마술에 놀랐으므로 그들이 따르더니
12 빌립이 하나님 나라와 및 예수 그리스도의 이름에 관하여 전도함
을 그들이 믿고 남녀가 다 세례를 받으니
13 시몬도 믿고 세례를 받은 후에 전심으로 빌립을 따라다니며 그 나
타나는 표적과 큰 능력을 보고 놀라니라
14 예루살렘에 있는 사도들이 사마리아도 하나님의 말씀을 받았다
함을 듣고 베드로와 요한을 보내매
15 그들이 내려가서 그들을 위하여 성령 받기를 기도하니
16 이는 아직 한 사람에게도 성령 내리신 일이 없고 오직 주 예수의
이름으로 세례만 받을 뿐이더라
17 이에 두 사도가 그들에게 안수하매 성령을 받는지라
18 시몬이 사도들의 안수로 성령 받는 것을 보고 돈을 드려
19 이르되 이 권능을 내게도 주어 누구든지 내가 안수하는 사람은 성
령을 받게 하여 주소서 하니
20 베드로가 이르되 네가 하나님의 선물을 돈 주고 살 줄로 생각하였
으니 네 은과 네가 함께 망할지어다
21 하나님 앞에서 네 마음이 바르지 못하니 이 도에는 네가 관계도
없고 분깃 될 것도 없느니라

22 그러므로 너의 이 악함을 회개하고 주께 기도하라 혹 마음에 품은
것을 사하여 주시리라
23 내가 보니 너는 악독이 가득하며 불의에 매인 바 되었도다
24 시몬이 대답하여 이르되 나를 위하여 주께 기도하여 말한 것이 하
나도 내게 임하지 않게 하소서 하니라
25 두 사도가 주의 말씀을 증언하여 말한 후 예루살렘으로 돌아갈새
사마리아인의 여러 마을에서 복음을 전하니라

마음의 문을 열며

우리가 믿는 기독교는 생명의 종교입니다. 생명은 성장을 의미합니다. 생명의 씨앗이 마음 밭에 뿌려지면 발아해서 자라는 것입니다. 교회 출석의 연수가 깊은데도 신앙 인격에 변화가 없다면 그의 신앙에는 문제가 있는 것이 분명합니다.

신앙에 첫발을 내디딜 때는 사람마다 여러 가지 이유와 사연이 있게 마련입니다. 그럼에도 시간이 지나면서 신앙이 자라다 보면 생명이신 예수님을 모시고 있다는 공통분모 때문에 서로 닮아갈 수밖에 없습니다. 예를 들어, 베드로와 바울은 성격이 다르고 성향이 다르고 환경이 달랐지만, 이들이 쓴 서신서를 읽으면 예수님을 사랑하고 교회를 사랑하고 복음을 사랑하고 있다는 선명한 공통점을 볼 수 있습니다.

오늘 본문을 통해 자신의 신앙을 성경에 비추는 시간이 되기를 바랍니다. 그리하여 말씀 속에서 신앙이 교정되며, 믿음의 연수가 깊어갈수록 내 속에 모신 생명 되신 예수님 덕분에 신앙 인격도 깊어지기를 바랍니다.

말씀의 씨를 뿌리며

1. 빌립의 복음 전도를 통하여 중병에 걸린 사람들이 치유를 받고, 귀신 들린 자들이 낫는 등 사마리아성은 그동안 짓눌려왔던 것에서 자유를 얻고 기쁨을 누렸습니다. 그렇지만 아직도 그 성에는 마귀의 세력이 도사리고 있었습니다. 성경은 마술사 시몬에 대해 어떻게 설명합니까?

• 9–11절

2. 누가는 마술사 시몬을 언급한 후, 이제는 복음 전도자 빌립에 대해서 이야기합니다. 성경 기자가 시몬과 빌립을 대비하여 기록한 것을 보고 두 사람의 공통점과 차이점을 정리하여 말해보세요.

• 행 8:5–6

• 9–10절

• 12절

• 18–19절

3. 빌립의 능력이 자신보다 큰 것을 목도했던 시몬은 빌립의 말을 믿고, 세례도 받고, 전심으로 따라다녔습니다. 겉으로 보기에는 신앙인의 길에 들어선 것처럼 보입니다. 그러나 그것이 시몬의 진짜 모습이 아니라는 사실을 어떻게 알 수 있습니까?

• 18절

• 23절

4. 예루살렘 교회는 사마리아도 하나님의 말씀을 받았다는 소식을 듣고 베드로와 요한을 파송합니다. 그들은 그곳에 가서 사마리아 사람들이 성령 받기를 기도하고, 세례를 베풉니다. 누가복음 9:51 이하의 말씀에 비추어보면, 이는 뜻밖의 일이라고 할 수 있습니다. 참된 신앙의 관점에서 이 사실이 의미하는 바를 이야기해보세요.

(참고. 눅 9:51-56)

5. 교회에 열심히 출석하는 것으로 신앙이 보증되는 것은 아닙니다. 신앙적인 말을 많이 한다고 해서 그리스도인이라고 할 수는 없습니다. 시몬처럼 믿는다고 말하고, 세례도 받고, 열심히 종교생활을 한다고 해서 그가 참된 신앙을 소유했다고 말할 수는 없습니다. 교회 내에는 자신의 사적인 이익을 위해서 신앙을 이용하는 사람도 있는 것이 현실입니다. 그렇다면 당신이 생각하는 참된 신앙의 조건은 무엇입니까? 당신의 생각과 성경에서 말하는 것을 비교하고 서로 이야기해보세요. (참고. 롬 6:12-13)

6. 다음 글을 읽고 참된 신앙과 거짓 신앙의 차이에 대해 묵상해봅시다.

기독교 신앙에서 참된 신앙과 가짜 신앙의 차이는 신앙인과 종교인의 차이로 이해할 수 있습니다. 토저 목사는 우리에게 이렇게 도전합니다. "당신은 종교인인가? 성령의 사람인가?" 신앙인은 성령의 기름 부음이 있고 성령과 동행하지만, 종교인은 성령의 기름 부음이 없습니다. 그렇다면 내가 성령의 기름 부음이 있는 신앙인인지, 아니면 성령의 기름 부음과는 무관한 종교인인지 어떻게 알 수 있습니까? 신앙인은 예수님을 구주로 믿지만, 종교인은 예수님을 이용합니다. 신앙인은 예수님을 위해 자아를 부인하지만 종교인은 자신을 위해 자아를 추구합니다. 신앙인은 예수님의 이름을 위해 자신을 희생하지만, 종교인은 자신의 이름을 위해 자신을 드러냅니다. 신앙인은 성령과 진리로 예배를 드리지만, 종교인은 예배를 방청할 뿐입니다. 신앙인은 스스로 회개하지만, 종교인은 다른 사람을 비판합니다. 신앙인은 시간이 갈수록 신앙 인격이 깊어지지만, 종교인은 자기 의가 더욱 높아질 뿐입니다. 신앙인은 하나님의 뜻을 추구하지만, 종교인은 자신의 뜻을 추구합니다. 신앙인은 하나님의 음성에 귀를 기울이지만, 종교인은 세상의 소리에 귀를 기울입니다. 신앙인은 자신의 연약함을 자랑하지만, 종교인은 자신의 강함을 자랑합니다. 신앙인은 예수님이 없으면 행복할 수 없지만, 종교인은 예수님이 없어도 행복할 수 있습니다. 신앙인은 하나님의 영광을 드러내지만, 종교인은 자신의 영광을 드러냅니다. 기름 부음이 있는 신앙인은 사람을 치유하지만, 자기 의로 옷 입은 종교인은 사람을 정죄합니다. 신앙인은 섬기는 것을 좋아하지만, 종교인은 섬김 받는 것을 좋아합니다. 신앙인에게는 영적 설렘이 있지만, 종교인에게는 영적 메마름이 있습니다.

7. 참된 신앙의 길은 생명으로 인도하는 길입니다. 그러나 생명으로 인도하는 문은 좁고 길이 협착하여 찾는 이가 적습니다. 세상이 요구하고, 세상이 그렇다고 말할 때에도 성경이 아니라고 하면 세상 요구에 아니라고 말하는 것이 참된 신앙입니다. 세상은 '그렇다'라고 말하지만, 성경은 '아니다'라고 말하는 것의 예를 생각해보고, 당신의 결심을 이야기해보세요.

삶의 열매를 거두며

신앙생활을 오래 했음에도, 여전히 말씀을 자신의 경험이나 사고의 틀 속에 집어넣고 그 안에서 이해하고 해석하려는 사람들이 있습니다. 그러나 정말 중요한 것은 결정적인 순간에 자신에게는 손해되는 듯이 보여도 한결같이 예수님을 중심으로 여기는 신앙입니다. 이것이 참된 신앙입니다. 어떻게 하면 현실의 수많은 장애물과 이해타산을 추구하는 세상의 위협에도 불구하고 예수님만을 중심으로 삼고 담대히 나갈 수 있을까요? 첫째는 중심을 보시는 하나님을 믿고, 둘째는 나의 동기가 순전한지 살피며, 셋째는 언제나 생명을 선택하는 일에 마음을 쏟을 수 있도록 성령의 도우심을 구해야 합니다. 이렇게 살기로 결심하는 기도를 드립시다.

Lesson 17

평범에서 비범으로

사도행전 8:26-40

26 주의 사자가 빌립에게 말하여 이르되 일어나서 남쪽으로 향하여
예루살렘에서 가사로 내려가는 길까지 가라 하니 그 길은 광야라
27 일어나 가서 보니 에디오피아 사람 곧 에디오피아 여왕 간다게의
모든 국고를 맡은 관리인 내시가 예배하러 예루살렘에 왔다가
28 돌아가는데 수레를 타고 선지자 이사야의 글을 읽더라
29 성령이 빌립더러 이르시되 이 수레로 가까이 나아가라 하시거늘
30 빌립이 달려가서 선지자 이사야의 글 읽는 것을 듣고 말하되 읽는
것을 깨닫느냐
31 대답하되 지도해주는 사람이 없으니 어찌 깨달을 수 있느냐 하고
빌립을 청하여 수레에 올라 같이 앉으라 하니라
32 읽는 성경 구절은 이것이니 일렀으되 그가 도살자에게로 가는 양
과 같이 끌려갔고 털 깎는 자 앞에 있는 어린 양이 조용함과 같이
그의 입을 열지 아니하였도다
33 그가 굴욕을 당했을 때 공정한 재판도 받지 못하였으니 누가 그의
세대를 말하리요 그의 생명이 땅에서 빼앗김이로다 하였거늘
34 그 내시가 빌립에게 말하되 청컨대 내가 묻노니 선지자가 이 말한
것이 누구를 가리킴이냐 자기를 가리킴이냐 타인을 가리킴이냐
35 빌립이 입을 열어 이 글에서 시작하여 예수를 가르쳐 복음을 전
하니
36 길 가다가 물 있는 곳에 이르러 그 내시가 말하되 보라 물이 있으
니 내가 세례를 받음에 무슨 거리낌이 있느냐

37 (없음)
38 이에 명하여 수레를 멈추고 빌립과 내시가 둘 다 물에 내려가 빌
립이 세례를 베풀고
39 둘이 물에서 올라올새 주의 영이 빌립을 이끌어간지라 내시는 기
쁘게 길을 가므로 그를 다시 보지 못하니라
40 빌립은 아소도에 나타나 여러 성을 지나다니며 복음을 전하고 가
이사랴에 이르니라

마음의 문을 열며

복음은 사람을 비범하게 만듭니다. 지금까지는 자신만을 중시하며 살았던 인생이 예수님을 믿은 후에는 다른 사람을 섬기는 이타적인 삶으로 바뀝니다. 초대교회의 다수는 노예들이었습니다. 그런데 노예들이 복음을 품자 평소 증오하고 미워했던 주인의 구원을 위해서 기도하는 사람들이 되었습니다. 세상이 도무지 이해하지 못하는 방식으로 비범한 삶의 주인공이 된 것입니다.

비록 나 자신은 평범할지라도 내가 믿는 예수님이, 내 속에 심긴 복음이 나를 비범하게 만드는 것입니다. 오늘 말씀 속에서 복음이 사람을 비범하게 한다는 이 사실에 눈을 떠, 골방에서도 열방을 변화시키는 비범한 인생, 복음으로만 설명되는 비범한 삶을 사는 축복을 배우고 누릴 수 있기를 바랍니다.

말씀의 씨를 뿌리며

1. 주의 사자가 빌립에게 가라고 지시한 곳은 어디입니까?

• 26절

2. 빌립은 유대인들이 원수처럼 여겼던 사마리아에서 사역을 잘 감당했습니다. 그런데 이제는 구약시대부터 원수처럼 지냈던 블레셋의 가사로 향하는 광야로 가라고 지시를 받았습니다. 성령의 지시에 대한 빌립의 반응 속에서 우리는 평범한 빌립이 비범한 사역을 할 수 있었던 비결을 발견합니다. 그것이 무엇입니까?

• 27a절

• 30a절

3. 성령의 음성에 민감하게 반응하고 그 명령에 즉각 순종하는 것이, 신자가 평범한 일상에서도 하나님께서 주시는 비범한 삶을 사는 길입니다. 어부였던 제자들이 예수님의 말씀에 순종함으로 하나님 나라의 기둥이 되었다는 사실이 이것을 증명해줍니다. 그렇다면 지금 당신은 성령의 음성에 민감하게 반응하고 있습니까? 지난 한 달 동안 성령의 음성에 반응하여 순종한 경험이 있다면 함께 이야기해봅시다. (참고. 요 10:27)

4. 성령의 지시로 빌립은 에디오피아의 국고를 맡은 내시를 만납니다. 내시는 예루살렘에 예배하러 왔다가 귀국하는 중이었습니다. 수레 위에서 이사야의 글을 읽고 있던 내시가 빌립에게 질문한 것은 무엇이며, 빌립은 어떻게 대답하고 있습니까?

• 34-35절

5. 평범한 빌립을 하나님의 위대한 사역자로 만들었던 또 다른 비결은 복음의 진수를 깨달았던 것에 있습니다. 빌립은 구약 말씀이 어떻게 그리스도의 복음으로 연결되는지를 알았고, 그것을 전했습니다. 빌립이 전한 이 복음은 역사적으로 에디오피아를 복음의 나라가 되게 한 시발점이 되었습니다. 복음에 대한 깨달음이 진정으로 내 삶을 비범하게 한다는 사실에 대해서 당신은 어떻게 생각합니까?

6. 다음 글을 읽고 복음은 평범을 비범으로 바꾼다는 것에 대해 묵상해봅시다.

기독교가 이 땅에 처음 들어오던 18세기 말, 19세기 초 조선의 여성들은 이름도 없는 존재였습니다. 선교사들이 한국 여성들을 "이름 없는 존재"(nameless being)라고 지적할 정도였습니다. '아무개 딸', '아무개댁', '아무개 어머니', '아무개 할머니'라고 불리다가 죽는 존재였습니다. 간혹, '간난이, 섭섭이' 같은 호칭이 있긴 하지만, 좋은 이름은 아니었습니다.
이렇게 존재감 없는 연약한 우리의 어머니, 할머니, 딸 들이 나라를 위해 비범하게 행동한 사건이 있습니다. 3·1 운동이 있은 후 남자 독립운동가들이 잡혀가거나 해외로 망명을 가게 되었습니다. 그러자 "남자들이 모두 잡혀갔으니 이젠 우리가 나설 차례지요"라며 교회에서 연약한 여성들이 일어섰습니다.
1919년 6월 평양 남산현교회에서 여성도들이 모여 뜻을 세우고, 이후 '대한애국부인회'라는 독립운동 단체를 조직했습니다. 이 조직은 점조직으로 되어 있어서 상하 관계만 알지 수평 관계를 전혀 알 수 없을 만큼 치밀했습니다. 이들은 물질 후원 등 뒤에서 지원하는 일만 한 것이 아니라, 본격적으로 '독립운동'을 했습니다. 처음부터 상해 임시정부와 연대하여 군자금도 보내고, 각지에 지부를 두어 독립운동을 전개하기도 했던 것입니다.
이러한 여성들의 입장에서 볼 때 복음은 봉건주의로부터 그들을 해방했다고 이해할 수 있습니다. 또한 복음을 받아들이고 하나님 나라의 꿈과 비전을 갖게 되자 이름 없는 그들이 국가를 위기에서 건져낸 비범한 존재로 거듭날 수 있었습니다.[5)]

7. 빌립의 삶이 비범하고 위대하게 바뀐 이유는 성령의 지시에 즉각 순종하고 말씀 속에서 복음을 깨달았기 때문입니다. 이 사실은 예수님을 구주로 믿는 우리에게 큰 도전을 줍니다. 어떻게 하면 우리도 성령의 음성에 민감하게 반응할 수 있을까요? 또한 말씀 속에 나타난 복음의 진수를 맛보기 위해 당신은 무엇을 할 것인지 계획을 말해보세요.

삶의 열매를 거두며

성령의 인도에 민감하게 순종하는 삶, 말씀에 나타난 복음의 진수를 깨닫는 삶은 '평범한 인생에서 벗어나 비범한 인생'으로 살아가게 하는 두 기둥이라고 할 수 있습니다. 그러므로 예수님을 믿으면서도 '내 인생은 왜 이렇게 초라할까?"라고 한숨 쉬는 것은 건강한 신앙인의 모습이 아닙니다. 광야 길을 걸으면서도 빌립처럼 성령의 음성에 예민하게 반응할 수 있도록, 또 복음의 진수에 눈이 열린 에디오피아의 관리처럼 하나님의 손에 쓰임 받을 수 있을까 생각하고 그렇게 살기로 결심하는 기도를 올려드립시다.

Lesson 18

하나님은 결코 포기하지 않으신다

사도행전 9:1-19

1 사울이 주의 제자들에 대하여 여전히 위협과 살기가 등등하여 대
제사장에게 가서
2 다메섹 여러 회당에 가져갈 공문을 청하니 이는 만일 그 도를 따
르는 사람을 만나면 남녀를 막론하고 결박하여 예루살렘으로 잡
아오려 함이라
3 사울이 길을 가다가 다메섹에 가까이 이르더니 홀연히 하늘로부
터 빛이 그를 둘러 비추는지라
4 땅에 엎드러져 들으매 소리가 있어 이르시되 사울아 사울아 네가
어찌하여 나를 박해하느냐 하시거늘
5 대답하되 주여 누구시니이까 이르시되 나는 네가 박해하는 예수라
6 너는 일어나 시내로 들어가라 네가 행할 것을 네게 이를 자가 있
느니라 하시니
7 같이 가던 사람들은 소리만 듣고 아무도 보지 못하여 말을 못하고
서 있더라
8 사울이 땅에서 일어나 눈은 떴으나 아무것도 보지 못하고 사람의
손에 끌려 다메섹으로 들어가서
9 사흘 동안 보지 못하고 먹지도 마시지도 아니하니라
10 그때에 다메섹에 아나니아라 하는 제자가 있더니 주께서 환상 중
에 불러 이르시되 아나니아야 하시거늘 대답하되 주여 내가 여기
있나이다 하니
11 주께서 이르시되 일어나 직가라 하는 거리로 가서 유다의 집에서
다소 사람 사울이라 하는 사람을 찾으라 그가 기도하는 중이니라

12 그가 아나니아라 하는 사람이 들어와서 자기에게 안수하여 다시
보게 하는 것을 보았느니라 하시거늘
13 아나니아가 대답하되 주여 이 사람에 대하여 내가 여러 사람에게
듣사온즉 그가 예루살렘에서 주의 성도에게 적지 않은 해를 끼쳤
다 하더니
14 여기서도 주의 이름을 부르는 모든 사람을 결박할 권한을 대제사
장들에게서 받았나이다 하거늘
15 주께서 이르시되 가라 이 사람은 내 이름을 이방인과 임금들과 이
스라엘 자손들에게 전하기 위하여 택한 나의 그릇이라
16 그가 내 이름을 위하여 얼마나 고난을 받아야 할 것을 내가 그에
게 보이리라 하시니
17 아나니아가 떠나 그 집에 들어가서 그에게 안수하여 이르되 형제
사울아 주 곧 네가 오는 길에서 나타나셨던 예수께서 나를 보내어
너로 다시 보게 하시고 성령으로 충만하게 하신다 하니
18 즉시 사울의 눈에서 비늘 같은 것이 벗어져 다시 보게 된지라 일
어나 세례를 받고
19 음식을 먹으매 강건하여지니라 사울이 다메섹에 있는 제자들과
함께 며칠 있을새

마음의 문을 열며

사랑하는 가족을 위해서, 혹은 누군가를 위해 10년, 20년, 오랜 시간을 기도했는데도 그 사람이 돌아오지 않는 경우가 있습니까? 혹은 '도무지 저런 사람을 위해서는 기도할 수 없어'라고 외면했던 적이 있습니까?

오늘 본문은 이러한 의문과 질문에 분명하게 대답합니다. "하나님은 결코 택하신 자를 포기하지 않으십니다." 하나님께서 포기하지 않으신다면, 그의 자녀 된 우리 역시 포기할 수 없습니다.

우리가 해야 할 일은 어떡하든지 지혜를 다하여 그들이 예수님을 만나도록 하는 데 있습니다. 왜냐하면 유한한 인간이 변화되는 비결은 영원하신 예수님을 만나는 것에 있기 때문입니다. 말씀 속에서, 하나님께서 포기하지 않으신다면 나도 결코 포기하지 않겠다는 신앙의 각오를 새롭게 하며, 다시금 기도의 힘과 전도의 힘을 얻는 시간이 되기를 바랍니다.

말씀의 씨를 뿌리며

1. 스데반의 죽음을 마땅히 여겼던 열혈 유대교 신자인 사울은 예수 믿는 사람들을 죽이기 위해서 또 다른 거창한 계획을 세우고 있습니다. 신자들에 대한 그의 태도를 살피고, 믿는 자들을 말살하기 위한 계획의 내용을 말해보세요.

   • 1–2절

2. 신자들을 결박하기 위해서 다메섹으로 가던 사울에게 어떤 일이 일어났습니까? 사울에 대한 하늘의 소리, 즉 예수님의 말씀은 무엇입니까?

   • 4절

3. 하늘로부터 들린 "나는 네가 박해하는 예수라"는 천둥 같은 소리에 그렇게 살기등등했던 사울의 기세가 꺾였습니다. 사울이 예수님을 인격적으로 만난 순간이었고, 새로운 피조물로 태어난 순간이었습니다. 당신은 어떻게 예수님을 만났습니까? 그분을 만난 후에 새로운 피조물로서 변화된 삶을 살고 있습니까? 만약 이전의 삶과 달라진 게 없다면 그 이유는 무엇인지 서로 이야기해보세요.

4. 박해자 사울이 살기등등한 적대감으로 예수 믿는 사람들을 죽이기 위해서 치밀한 계획을 세우던 그 순간에도, 예수님은 사울을 이방인의 사도로 사용하기 위한 큰 계획 안에서 그를 만날 준비를 하고 계셨습니다. 예수님이 사울을 만나서 그에게 한 지시와 그 후에 사울이 보여준 모습이 담고 있는 의미를 묵상해봅시다.

• 6절

• 8-9절

5. 당시에는 그 누구도 오늘날 우리가 아는 것처럼 박해자 사울이 예수님을 믿고 이방인의 사도로 크게 쓰임 받을 것이라고 생각할 수 없었을 것입니다. 이러한 사실은 '저 사람은 절대 예수님을 믿을 수 없어'라는 선입관에 빠진 사람들을 향한 하나님의 거룩한 경고일지도 모릅니다. 당신의 선입관 때문에 예수님을 전하지 못하고 포기한 적은 없습니까?

6. 다음 글을 읽고 예수님을 만난 자는 반드시 삶의 변화를 경험하게 된다는 사실에 대해 묵상해봅시다.

예수님이 살아 계시고, 지금 나와 함께하심을 믿는 사람은 반드시 삶이 변화될 수밖에 없습니다.
그것은 유한한 인간이 영원하신 하나님을 모시고 살아갈 때 일어나는 일종의 영적 화학변화와 같습니다. 예를 들면, 물은 리튬이나 나트륨, 칼륨 같은 알칼리금속을 만나면 반드시 반응을 일으킵니다. 특히 세슘과 같은 물질은 물과 접촉하면 위험할 정도로 격렬한 반응을 일으킵니다. 만약 물과 세슘이 만났는데 아무런 변화나 반응이 없다면, 그것은 물이 아니거나 세슘이 아닐 것입니다.
이것은 영적인 세계에서도 그대로 적용됩니다. 유한한 인간이 영원하신 예수님을 만날 때, 죄인인 인간이 죄 없으신 예수님을 구세주로 모실 때, 미움을 원죄로 가진 인간이 자신의 목숨을 대속물로 주신 예수님의 엄청난 사랑을 경험할 때 이것이 정말 사실이라면 우리의 심령에서는 물이 세슘을 만났을 때보다도 더 엄청나고 격렬한 반응이 일어날 수밖에 없습니다.

7. 우리 중의 누구도 스스로 예수님을 믿은 사람은 없습니다. 겉으로는 그렇게 보일지라도 실상은 예수님께서 사울을 찾으신 것처럼 우리를 찾아오셔서 만나주셨기에 예수님을 구주로 믿게 된 것입니다. 그런데 여기에는 하나님께서 사울을 인도하는 사람을 준비하셨듯이 누군가의 도움이 요구됩니다. 하나님께서 포기하지 않으시고 찾으시는 그 사람을 위하여 어떻게 하면 준비된 자의 역할을 잘 감당할 수 있을까요? (참고. 13절)

삶의 열매를 거두며

택하신 한 영혼을 결코 포기하지 않고 일하시는 하나님은 바울을 위하여 준비된 사람을 보내신 것처럼, 오늘날 우리를 통해서도 일하십니다. 내 생각과 달라도, 내가 원치 않는 일이라고 해도 하나님께서 명령하시면 우리는 순종해야 합니다.

지난 한 주, 한 달을 돌아보았을 때 하나님께서 당신을 통해 일하신 적이 있습니까? 혹시나 우리의 불순종이 하나님의 일을 막은 적은 없는지 생각해보고, 주께서 말씀하시면 언제 어디에서라도 즉각적으로 순종하겠다는 각오를 담아 실천하겠다는 간절한 기도를 올려드립시다.

Lesson 19

은혜 그릇 준비

사도행전 9:20-31

20 즉시로 각 회당에서 예수가 하나님의 아들이심을 전파하니
21 듣는 사람이 다 놀라 말하되 이 사람이 예루살렘에서 이 이름을
부르는 사람을 멸하려던 자가 아니냐 여기 온 것도 그들을 결박하
여 대제사장들에게 끌어가고자 함이 아니냐 하더라
22 사울은 힘을 더 얻어 예수를 그리스도라 증언하여 다메섹에 사는
유대인들을 당혹하게 하니라
23 여러 날이 지나매 유대인들이 사울 죽이기를 공모하더니
24 그 계교가 사울에게 알려지니라 그들이 그를 죽이려고 밤낮으로
성문까지 지키거늘
25 그의 제자들이 밤에 사울을 광주리에 담아 성벽에서 달아 내리니라
26 사울이 예루살렘에 가서 제자들을 사귀고자 하나 다 두려워하여
그가 제자 됨을 믿지 아니하니
27 바나바가 데리고 사도들에게 가서 그가 길에서 어떻게 주를 보았
는지와 주께서 그에게 말씀하신 일과 다메섹에서 그가 어떻게 예
수의 이름으로 담대히 말하였는지를 전하니라
28 사울이 제자들과 함께 있어 예루살렘에 출입하며
29 또 주 예수의 이름으로 담대히 말하고 헬라파 유대인들과 함께 말
하며 변론하니 그 사람들이 죽이려고 힘쓰거늘
30 형제들이 알고 가이사랴로 데리고 내려가서 다소로 보내니라
31 그리하여 온 유대와 갈릴리와 사마리아 교회가 평안하여 든든히 서
가고 주를 경외함과 성령의 위로로 진행하여 수가 더 많아지니라

마음의 문을 열며

인생을 돌아보면서, '그때 좋은 기회가 있었는데, 내가 미처 준비되지 않아 감당하지 못했지…'라는 후회 어린 한숨을 쉰 적은 없습니까? 영적인 세계에서도 그릇이 준비되지 않아 받지 못하는 경우가 많습니다.

우리 주변에는 줘도 받을 수 없는 여러 가지 그릇이 있습니다. 엎어진 그릇, 깨어진 그릇, 이미 다른 것으로 가득 찬 그릇, 옹졸한 그릇, 더럽고 추한 그릇 등입니다. 그렇다면 당신의 마음 그릇은 어떤 모습입니까?

그리스도인에게 가장 필요한 그릇은 은혜 의식으로 준비된 그릇입니다. 이것은 '나의 나 된 것은 하나님의 은혜'라는 의식입니다. 나의 현 존재는 하나님의 은혜로만 설명될 수 있다는 생각입니다.

오늘 말씀 속에서 '아, 내가 받지 못하는 것은 하나님께서 주시지 않기 때문이 아니라 내가 받을 그릇으로 준비되지 못해서구나'라는 영적 통찰을 갖게 되기를 소원합니다. 그리하여 하나님께 쓰임받기 위해서 무엇보다 은혜의 그릇을 준비하는 시간이 되기를 바랍니다.

말씀의 씨를 뿌리며

1. 사울은 다메섹 도상에서 예수님을 만난 뒤로 이전과는 비교할 수 없이 변화되었습니다. 사울에게 일어난 변화를 말해보세요.

• 20-22절

• 27-29절

2. 사울의 변화는 이 사실을 듣는 모든 사람을 놀라게 합니다. 예수님의 이름을 부르는 사람들을 진멸하러 왔던 사울이 이제는 담대하게 예수님이 그리스도라고 증언하니, 사람들이 놀라는 것은 당연합니다. 사울의 변화에 사람들은 어떻게 반응했습니까?

• 22절

• 26절

3. 예수님을 만나면 사울처럼 사람들을 놀라게 하는 변화가 따르지만, 이러한 변화가 저절로 찾아오는 것은 아닙니다. 하나님께 쓰임받는 질적 변화를 위해서는 먼저 그것에 걸맞은 그릇을 준비해야 합니다. 하나님께서는 바울에게 어떤 은혜의 그릇을 준비하게 하셨습니까?

• 23절

• 24절

• 28절

4. 사울이 예수님을 구주로 믿고, 예루살렘에 가서 제자들을 사귀고자 했지만, 한때 그리스도인의 박해자요 살인자로 악명이 높았던 그였기에 모두가 두려워했습니다. 지금 이들에게 필요한 것은 양자의 관계를 든든히 세워줄, 신뢰할 수 있는 중재자였습니다. 이 일을 한 바나바는 어떤 사람입니까? 당신도 바나바처럼 교회 내에서 화해의 중재자 역할을 하고 있습니까? (참고. 행 4:37; 11:24; 15:25)

• 27절

5. 사울은 은혜의 그릇으로 준비되기 위하여 아라비아에서의 광야 학교, 동족인 유대인들로부터 박해당한 고난 학교, 신앙의 형제들과 함께한 관계 학교를 거쳤습니다. 지금 당신이 은혜의 그릇으로 준비되기 위해서 가장 절실하게 필요한 학교는 무엇입니까?

6. 다음 글을 읽고 그리스도인으로 산다는 것은 소명자로서 준비된 삶을 사는 것이라는 사실에 대해 묵상해봅시다.

소명은 준비 자세의 문제다. 예수님은 지혜로운 신부와 어리석은 신부에 관한 이야기로부터 '노아의 때'를 언급하면서 자신이 '밤중에 도적같이' 올 것이라는 말씀 그리고 잠자는 제자들을 향한 책망에 이르기까지 거듭해서 자기를 따르는 자들에게 깨어 기다리면서 경계하며 준비하고 있으라고 촉구하셨다.

그리스도를 따르는 자에게는 준비를 갖추고 있는 것이 최고 수준의 순종이다. 마치 충분한 연습을 거쳐 완벽하게 조율된 교향악단의 모든 시선이 지휘자의 지휘봉에 집중되듯이, 그리스도를 따르는 자들은 그분의 미세한 음성이나 표시에도 응답할 채비를 갖추고 있어야 한다.

민수기는 이스라엘이 구름기둥과 불기둥에 반응하는 모습을 자세하게 묘사함으로써 무엇인가를 교훈한다. "구름이 성막에서 떠오르는 때에는 이스라엘 자손이 곧 행진하였고 구름이 머무는 곳에… 진을 쳤으니… 구름이 성막 위에 머무는 동안에는 그들이 진영에 머물렀고… 구름이 밤낮 있다가 떠오르면 곧 행진하였으며… 여호와의 명령을 따라 진을 치며 여호와의 명령을 따라 행진하고…." 이 모든 표현은 지휘자에게 반응하는 이스라엘의 준비된 모습을 묘사하고 있다.[6]

7. 한때 아집과 정죄의 그릇이었던 사울은 주님을 만난 이후로 하나님의 모든 은혜를 담는 그릇으로 준비되었습니다. 그러나 깨어진 그릇, 더러운 그릇, 엎어진 그릇으로는 은혜를 담을 수가 없습니다. 신앙적으로 이들 그릇이 의미하는 바를 이야기하고, 이것 외에도 당신에게 부어지는 하나님의 은혜를 담지 못하게 하는 그릇에는 무엇이 있는지 생각해봅시다.

삶의 열매를 거두며

바울은 하나님께 쓰임 받는 은혜의 그릇으로 준비되기 위해서 홀로 하나님 앞에 서는 광야 학교, 예수님의 흔적을 몸에 새기는 고난 학교, 공동체를 세우는 관계 학교를 수료했습니다. 우리 역시 하나님께서 사용하시는 은혜의 그릇으로 준비되려면 신앙의 필수 코스를 거쳐야 합니다. 우리가 인생의 세 학교를 지날 때에 감사함으로 은혜의 그릇을 준비하고, 또 거기에 합당하게 빚어질 수 있도록 성령의 도우심을 구하는 기도를 드립시다.

Lesson 20

신앙과 치유

사도행전 9:32-43

32 그때에 베드로가 사방으로 두루 다니다가 룻다에 사는 성도들에
게도 내려갔더니
33 거기서 애니아라 하는 사람을 만나매 그는 중풍병으로 침상 위에
누운 지 여덟 해라
34 베드로가 이르되 애니아야 예수 그리스도께서 너를 낫게 하시니
일어나 네 자리를 정돈하라 한대 곧 일어나니
35 룻다와 사론에 사는 사람들이 다 그를 보고 주께로 돌아오니라
36 욥바에 다비다라 하는 여제자가 있으니 그 이름을 번역하면 도르
가라 선행과 구제하는 일이 심히 많더니
37 그때에 병들어 죽으매 시체를 씻어 다락에 누이니라
38 룻다가 욥바에서 가까운지라 제자들이 베드로가 거기 있음을 듣
고 두 사람을 보내어 지체 말고 와달라고 간청하여
39 베드로가 일어나 그들과 함께 가서 이르매 그들이 데리고 다락방
에 올라가니 모든 과부가 베드로 곁에 서서 울며 도르가가 그들과
함께 있을 때에 지은 속옷과 겉옷을 다 내보이거늘
40 베드로가 사람을 다 내보내고 무릎을 꿇고 기도하고 돌이켜 시체
를 향하여 이르되 다비다야 일어나라 하니 그가 눈을 떠 베드로를
보고 일어나 앉는지라
41 베드로가 손을 내밀어 일으키고 성도들과 과부들을 불러들여 그
가 살아난 것을 보이니
42 온 욥바 사람이 알고 많은 사람이 주를 믿더라
43 베드로가 욥바에 여러 날 있어 시몬이라 하는 무두장이의 집에서
머무니라

마음의 문을 열며

흙으로 만들어진 존재(창 2:7), 죄성을 가지고 태어난 존재(시 51:5), 영원히 죽을 수밖에 없는 존재(살후 1:9)가 인간입니다. 인간은 한마디로 불완전한 존재요, 태어날 때부터 문제가 많은 존재입니다. 마치 온통 금이 가고 깨어진 항아리 같아서 오늘 여기를 때우면 내일은 저기에 구멍이 나는, 그런 존재라고 할 수 있습니다.

예수님은 인간이 태생적으로 유한하고 불완전하며 속속들이 깨어진 존재임을 아시기에(시 103:14) 공생애 동안 인간의 육신과 마음과 영혼을 치유하는 일에 전력하셨습니다.

오늘 말씀 속에서 치유의 현장으로 들어가 이것이 세상의 치유와 무엇이 다른지 생각해봅시다. 아울러 이 땅에 있는 한 질병과 마음의 고통에서 완전히 자유로울 수는 없겠지만, 그럼에도 그리스도인에게만 주어진 은혜가 무엇인지 특별히 치유의 관점에서 구체적으로 살피고 묵상하는 시간이 되기를 바랍니다.

말씀의 씨를 뿌리며

1. 의사였던 누가는 베드로의 순회 사역 중에서 일어난 두 가지 기적적인 사건을 기록하고 있습니다. 베드로가 룻다에서 행한 것은 무엇입니까?

• 34절

2. 다비다라는 여제자의 죽음으로 인해 슬픔에 잠겨 있었던 제자들은 베드로에게 욥바로 와달라고 간청했습니다. 그곳에서 베드로가 행한 기적은 무엇입니까?

• 40절

3. 베드로가 룻다에서 여덟 해 된 중풍병자 애니아를 일으키는 모습은 예수님께서 중풍병자를 일으키신 것(마 9장)을 연상하게 합니다. 또 욥바에서 죽은 다비다를 일으킨 것은 예수님께서 야이로의 딸을 살리신 것과 놀랄 만큼 비슷합니다(막 5장). 이것은 베드로의 치유가 전적으로 예수님께서 하신 것임을 보여주고 있습니다. 하나님께서 베드로를 통하여 이처럼 놀라운 기적을 베푸신 이유는 무엇입니까?

• 35절

• 42절

4. 초대교회 이래로 치유 사역과 복음 사역은 언제나 함께했습니다. 룻다와 욥바에서 베드로를 통한 치유의 결과가 사람들을 예수님께로 돌아오게 했다는 사실이 이것을 교훈하고 있습니다. 이를 바탕으로 치유에 대한 성경적이고 균형 잡힌 생각은 무엇인지 말해보세요. (참고. 마 9:8)

5. 복음서에 나타난 예수님의 치유 현장에는 예수님이 불쌍히 여기시는 것과 하나님께 영광을 돌리는 것 두 가지가 함께 나타나고 있습니다. 이 사실이 치유를 받고자 예수님께 나아가는 우리에게 가르치는 것은 무엇입니까?

6. 다음 글을 읽고 죄의 고백이 치유의 시작이라는 사실에 대해 묵상해봅시다.

죄의 고백으로 영혼이 치유되면, 이것이 몸의 치유로 연결되는 것을 복음주의 정신과 의사인 폴 투르니에가 증언하고 있습니다. "나는 죄 고백의 중요성을 너무도 강조한 나머지 마치 죄의 고백으로 전부 치유될 수 있는 것처럼 말하고 비난을 받기도 한다. 그러나 나는 의사로서 그런 치유를 수도 없이 경험했다. 나는 의학적 관점에서 죄의 고백이 그 어느 것과도 비교할 수 없을 정도로 큰 역할을 한다고 확신한다." 투르니에는 죄의 고백이 어떤 치료보다 병의 치료에 근본적이라고 말하는 것입니다. 이것은 몸과 마음의 진정한 치유는 죄 사함에서 비롯된 영혼의 치유에서 시작된다는 의미입니다. 그는 말합니다. "오래 계속되는 불면증, 심계항진, 두통, 소화불량이나 간암의 병상이 거짓말이나 외도에 대해 고백한 후 이튿날 아침에 사라져버리는 사례를 나는 수없이 보아왔다."[7)]

7. 치유를 언급할 때는 육신의 치유에 우리 시선을 제한하는 경향이 있습니다. 하지만 그리스도인은 치유에 대한 생각을 훨씬 크게 열어야 합니다. 죽음이 영원한 치유라는 말에 대해서 당신의 생각은 어떠합니까? (참고. 계 21:4)

삶의 열매를 거두며

예수님은 우리의 체질을 아시는 분입니다. 이 사실이 믿는 자들에게 얼마나 위로가 되고 감사한지요. 내가 고통으로 신음할 때, 언제 어디서나 나와 함께하시는 분이 예수님이라는 사실은 세상이 도저히 줄 수 없는 특별한 은혜입니다. 육신의 질병이 있다면, 마음의 고통으로 신음하고 있다면, 예수님께 마음을 토로하고 도우심을 구하는 기도를 올려드립시다.

Lesson 21

편견을 무너뜨리는 기도

사도행전 10:1-23

1 가이사랴에 고넬료라 하는 사람이 있으니 이달리야 부대라 하는
군대의 백부장이라
2 그가 경건하여 온 집안과 더불어 하나님을 경외하며 백성을 많이
구제하고 하나님께 항상 기도하더니
3 하루는 제 구 시쯤 되어 환상 중에 밝히 보매 하나님의 사자가 들
어와 이르되 고넬료야 하니
4 고넬료가 주목하여 보고 두려워 이르되 주여 무슨 일이니이까 천
사가 이르되 네 기도와 구제가 하나님 앞에 상달되어 기억하신 바
가 되었으니
5 네가 지금 사람들을 욥바에 보내어 베드로라 하는 시몬을 청하라
6 그는 무두장이 시몬의 집에 유숙하니 그 집은 해변에 있다 하더라
7 마침 말하던 천사가 떠나매 고넬료가 집안 하인 둘과 부하 가운데
경건한 사람 하나를 불러
8 이 일을 다 이르고 욥바로 보내니라
9 이튿날 그들이 길을 가다가 그 성에 가까이 갔을 그때에 베드로가
기도하려고 지붕에 올라가니 그 시각은 제 육 시더라
10 그가 시장하여 먹고자 하매 사람들이 준비할 때에 황홀한 중에
11 하늘이 열리며 한 그릇이 내려오는 것을 보니 큰 보자기 같고 네
귀를 매어 땅에 드리웠더라
12 그 안에는 땅에 있는 각종 네 발 가진 짐승과 기는 것과 공중에
나는 것들이 있더라

13 또 소리가 있으되 베드로야 일어나 잡아먹어라 하거늘
14 베드로가 이르되 주여 그럴 수 없나이다 속되고 깨끗하지 아니한
것을 내가 결코 먹지 아니하였나이다 한대
15 또 두 번째 소리가 있으되 하나님께서 깨끗하게 하신 것을 네가
속되다 하지 말라 하더라
16 이런 일이 세 번 있은 후 그 그릇이 곧 하늘로 올려져 가니라
17 베드로가 본 바 환상이 무슨 뜻인지 속으로 의아해하더니 마침 고
넬료가 보낸 사람들이 시몬의 집을 찾아 문밖에 서서
18 불러 묻되 베드로라 하는 시몬이 여기 유숙하느냐 하거늘
19 베드로가 그 환상에 대하여 생각할 때에 성령께서 그에게 말씀하
시되 두 사람이 너를 찾으니
20 일어나 내려가 의심하지 말고 함께 가라 내가 그들을 보내었느니
라 하시니
21 베드로가 내려가 그 사람들을 보고 이르되 내가 곧 너희가 찾는
사람인데 너희가 무슨 일로 왔느냐
22 그들이 대답하되 백부장 고넬료는 의인이요 하나님을 경외하는
사람이라 유대 온 족속이 칭찬하더니 그가 거룩한 천사의 지시를
받아 당신을 그 집으로 청하여 말을 들으려 하느니라 한대
23 베드로가 불러 들여 유숙하게 하니라 이튿날 일어나 그들과 함께
갈새 욥바에서 온 어떤 형제들도 함께 가니라

마음의 문을 열며

오늘 사도행전 본문에서는 복음 역사의 분수령을 보여주고 있습니다. 이는 교회사의 영적 전환점이라고 할 수 있습니다. 하나님은 베드로가 일생 동안 고집했던 관습과 편견을 깨뜨리고 계십니다. 그 이유는 오직 복음을 위해서 그리고 우리를 위해서입니다.

"당신의 생각이나 습관이나 전통이 하나님의 복음 역사가 진전하는 것을 막고 있지는 않습니까?" 말씀을 통해서 우리 역시 복음을 위하여, 주님께서 예비한 사람을 위하여 자신의 아집과 편견을 깨뜨릴 준비를 합시다. 그리하여 비록 내 신념과는 다르다고 해도 하나님께서 원하신다면 기꺼이 삶의 현장에서 순종함으로 영적인 시야를 일깨우고 복음의 지평을 넓히는 시간이 되기를 바랍니다.

말씀의 씨를 뿌리며

1. 가이사랴에 주둔하고 있었던 로마 군대 백부장 고넬료는 하나님을 경외하고 백성을 구제하며 늘 기도에 힘쓰는 경건한 사람이었습니다. 그가 기도 중에 천사로부터 받은 명령은 무엇입니까?

• 4-5절

2. 베드로는 기도 중에 환상으로 본 보자기 같은 것에 담긴 짐승들을 잡아먹으라는 하늘의 소리에 어떻게 반응했습니까? 그러한 베드로에게 다시 들렸던 하늘의 소리는 무엇입니까?

• 14-16절

3. 고넬료에게 환상으로 나타나시고, 가이사랴에서 멀리 떨어져 있는 욥바에 머물던 베드로에게 환상으로 나타나 복음 역사의 큰 그림을 치밀하게 그려가시는 하나님의 역사를 보며 무엇을 느끼십니까?

4. 백부장 고넬료는 도덕적으로 흠을 찾기 어려울 만큼 존경받는 인격을 갖춘 사람이었습니다. 하나님께서는 이방인과의 교류를 완강하게 거부하는 베드로를 꺾어서라도 그에게 보내셨습니다. 그 이유가 무엇인지 생각해보세요. (참고. 요 14:6; 행 11:18)

5. 베드로가 보았던 부정한 짐승은 유대인들이 지옥의 땔감 정도로 생각했던 이방인들과 그들의 문화를 의미합니다. 비록 예수님의 제자이자 수석 사도였지만, 유대적인 선입관에 갇혀 있던 베드로는 하나님의 진의를 깨닫지 못했습니다. 자신의 전통이나 관습이나 문화 때문에 하나님의 뜻을 깨닫지 못했던 때는 없었습니까? 이러한 사례를 찾아보고, 당신의 경우를 이야기해보세요.

6. 다음 글을 읽고 복음은 언제나 편견의 벽을 깨고 전진했다는 사실에 대해서 생각해봅시다.

예수님께서 이 땅에 오셔서 하신 것 중의 하나가 세상의 선입관이나 편견을 깨뜨리신 것입니다. 예수님은 당시 유대인들이 이방인처럼 여긴 사마리아인에게 친히 복음을 전하시고, 죄인으로 여긴 세리를 제자로 삼고, 구원 받을 수 없다고 여긴 창기를 친구처럼 가까이하셨습니다.
그러므로 복음은 그 시작부터 편견의 벽을 깨뜨리고 넘어섰습니다. 만일 복음이 세상의 편견에 갇혔다면, 결코 지금처럼 천하 만민에게 전파되지 못했을 것입니다. 복음이 우리나라에 들어와서 했던 중요한 일 중의 하나는 사회적 계급의 편견을 깨고, 남녀에 대한 편견을 깨고, 배운 자와 배우지 않은 자에 대한 편견을 깨고 차별 없이 복음을 전한 것입니다. 신분이 낮은 '백정'에게도 복음이 전해졌고, 무지한 '상놈'에게도 복음이 전해졌고, 자신의 이름조차 없었던 '여성'에게도 복음이 전해졌습니다.

7. 우리가 가진 문화적 편견이나 선입관을 깨뜨리는 것은 결코 쉬운 일이 아닙니다. 그러나 그것이 무엇이든지, 심지어 아무리 멋지고 아름다운 전통이나 문화라고 해도 한 생명을 건지고 구원하는 일을 위해서는 자신이 금과옥조처럼 붙잡고 있는 것조차 넘어서야 합니다. 여기에 대한 당신의 생각을 이야기하고, 자신의 선입관이나 편견보다는 말씀에 먼저 순종하기 위해서 어떤 결심을 할 수 있는지 나눠봅시다.

삶의 열매를 거두며

복음을 위해서라면 마땅히 내 생각을 접고 순종해야 하는 이유는 무엇입니까? 편견은 하나님의 은혜를 제한하기 때문입니다. 하나님께서 채워주려고 하실지라도 내 뜻이 너무 강하다면 하나님의 은혜가 제한될 수밖에 없습니다. 나의 편견 때문에 하나님의 은혜가 제한된다는 사실을 마음에 새기고, 이후로는 하나님의 선하신 뜻을 깨닫고 나의 편견과 고집을 꺾어달라고 기도합시다. 그리하여 하나님의 은혜가 내 삶 속에서 한계 없이 펼쳐지는 은혜를 누리기를 바랍니다.

Lesson 22

교회여, 생명의 문을 활짝 열라

사도행전 10:23-11:18

10:23 베드로가 불러 들여 유숙하게 하니라 이튿날 일어나 그들과 함
께 갈새 욥바에서 온 어떤 형제들도 함께 가니라
24 이튿날 가이사랴에 들어가니 고넬료가 그의 친척과 가까운 친
구들을 모아 기다리더니
25 마침 베드로가 들어올 때에 고넬료가 맞아 발 앞에 엎드리어 절
하니
26 베드로가 일으켜 이르되 일어서라 나도 사람이라 하고
27 더불어 말하며 들어가 여러 사람이 모인 것을 보고
28 이르되 유대인으로서 이방인과 교제하며 가까이하는 것이 위법
인 줄은 너희도 알거니와 하나님께서 내게 지시하사 아무도 속
되다 하거나 깨끗하지 않다 하지 말라 하시기로
29 부름을 사양하지 아니하고 왔노라 묻노니 무슨 일로 나를 불렀
느냐
30 고넬료가 이르되 내가 나흘 전 이맘때까지 내 집에서 제 구 시
기도를 하는데 갑자기 한 사람이 빛난 옷을 입고 내 앞에 서서
31 말하되 고넬료야 하나님이 네 기도를 들으시고 네 구제를 기억
하셨으니
32 사람을 욥바에 보내어 베드로라 하는 시몬을 청하라 그가 바닷
가 무두장이 시몬의 집에 유숙하느니라 하시기로
33 내가 곧 당신에게 사람을 보내었는데 오셨으니 잘하였나이다
이제 우리는 주께서 당신에게 명하신 모든 것을 듣고자 하여 다
하나님 앞에 있나이다

34 베드로가 입을 열어 말하되 내가 참으로 하나님은 사람의 외모
를 보지 아니하시고
35 각 나라 중 하나님을 경외하며 의를 행하는 사람은 다 받으시는
줄 깨달았도다
36 만유의 주 되신 예수 그리스도로 말미암아 화평의 복음을 전하
사 이스라엘 자손들에게 보내신 말씀
37 곧 요한이 그 세례를 반포한 후에 갈릴리에서 시작하여 온 유대
에 두루 전파된 그것을 너희도 알거니와
38 하나님이 나사렛 예수에게 성령과 능력을 기름 붓듯 하셨으매
그가 두루 다니시며 선한 일을 행하시고 마귀에게 눌린 모든 사
람을 고치셨으니 이는 하나님이 함께하셨음이라
39 우리는 유대인의 땅과 예루살렘에서 그가 행하신 모든 일에 증
인이라 그를 그들이 나무에 달아 죽였으나
40 하나님이 사흘 만에 다시 살리사 나타내시되
41 모든 백성에게 하신 것이 아니요 오직 미리 택하신 증인 곧 죽
은 자 가운데서 부활하신 후 그를 모시고 음식을 먹은 우리에게
하신 것이라
42 우리에게 명하사 백성에게 전도하되 하나님이 살아 있는 자와
죽은 자의 재판장으로 정하신 자가 곧 이 사람인 것을 증언하게
하셨고
43 그에 대하여 모든 선지자도 증언하되 그를 믿는 사람들이 다 그
의 이름을 힘입어 죄 사함을 받는다 하였느니라
44 베드로가 이 말을 할 때에 성령이 말씀 듣는 모든 사람에게 내
려오시니
46 베드로와 함께 온 할례 받은 신자들이 이방인들에게도 성령 부
어주심으로 말미암아 놀라니
46 이는 방언을 말하며 하나님 높임을 들음이러라
47 이에 베드로가 이르되 이 사람들이 우리와 같이 성령을 받았으
니 누가 능히 물로 세례 베풂을 금하리요 하고
48 명하여 예수 그리스도의 이름으로 세례를 베풀라 하니라 그들
이 베드로에게 며칠 더 머물기를 청하니라
11:1 유대에 있는 사도들과 형제들이 이방인들도 하나님의 말씀을
받았다 함을 들었더니

2 베드로가 예루살렘에 올라갔을 때에 할례자들이 비난하여
3 이르되 네가 무할례자의 집에 들어가 함께 먹었다 하니
4 베드로가 그들에게 이 일을 차례로 설명하여
5 이르되 내가 욥바 시에서 기도할 때에 황홀한 중에 환상을 보니
큰 보자기 같은 그릇이 네 귀에 매어 하늘로부터 내리어 내 앞에
까지 드리워지거늘
6 이것을 주목하여 보니 땅에 네 발 가진 것과 들짐승과 기는 것과
공중에 나는 것들이 보이더라
7 또 들으니 소리 있어 내게 이르되 베드로야 일어나 잡아먹으라 하
거늘
8 내가 이르되 주님 그럴 수 없나이다 속되거나 깨끗하지 아니한 것
은 결코 내 입에 들어간 일이 없나이다 하니
9 또 하늘로부터 두 번째 소리 있어 내게 이르되 하나님이 깨끗하게
하신 것을 네가 속되다고 하지 말라 하더라
10 이런 일이 세 번 있은 후에 모든 것이 다시 하늘로 끌려 올라가더라
11 마침 세 사람이 내가 유숙한 집 앞에 서 있으니 가이사랴에서 내
게로 보낸 사람이라
12 성령이 내게 명하사 아무 의심 말고 함께 가라 하시매 이 여섯 형
제도 나와 함께 가서 그 사람의 집에 들어가니
13 그가 우리에게 말하기를 천사가 내 집에 서서 말하되 네가 사람을
욥바에 보내어 베드로라 하는 시몬을 청하라
14 그가 너와 네 온 집이 구원 받을 말씀을 네게 이르리라 함을 보았
다 하거늘
15 내가 말을 시작할 때에 성령이 그들에게 임하시기를 처음 우리에
게 하신 것과 같이 하는지라
16 내가 주의 말씀에 요한은 물로 세례를 베풀었으나 너희는 성령으
로 세례를 받으리라 하신 것이 생각났노라
17 그런즉 하나님이 우리가 주 예수 그리스도를 믿을 때에 주신 것과
같은 선물을 그들에게도 주셨으니 내가 누구이기에 하나님을 능
히 막겠느냐 하더라
18 그들이 이 말을 듣고 잠잠하여 하나님께 영광을 돌려 이르되 그러
면 하나님께서 이방인에게도 생명 얻는 회개를 주셨도다 하니라

마음의 문을 열며

주님의 몸 된 교회의 문은 생명으로 들어가는 문입니다. 그래서 교회를 생명의 공동체라고 부릅니다. 성경에서 교회를 칭할 때는 장소가 아니라 언제나 사람을 대상으로 한다는 사실에 주목해야 합니다.

교회가 생명의 공동체로서 존재하기 위해서는, 다시 말해서 교회가 생명의 문을 열기 위해서는 반드시 생명의 복음 전달자가 있어야 합니다. 예수님을 구주로 고백하는 모든 사람이 바로 생명의 복음 전달자입니다.

귀한 것을 가진 자는 걸음걸이가 다르고, 몸가짐이 다를 수밖에 없습니다. 그렇다면 천하보다 귀하다는 생명을 품고 전하는 사람의 모습이 어떠해야 함은 자명합니다. 하지만 예수님을 믿는다고 하면서도 자신이 가지고 있는 것이 무엇인지, 그것이 얼마나 귀한지조차 의식하지 않고 사는 사람들이 적지 않습니다.

오늘 말씀 속에서 내가 가진 생명이 얼마나 소중하며, 그 생명을 전하는 복음 전달자로서 어떻게 살아야 하는지를 배우고 그렇게 살기로 결심하는 시간이 되기를 바랍니다.

말씀의 씨를 뿌리며

1. 고넬료는 베드로가 오는 것을 간절히 기다렸습니다. 베드로가 집으로 들어올 때 고넬료가 보인 태도는 어떠합니까? 이에 대해 베드로는 어떻게 반응하고 있습니까?

• 10:24-26

2. 고넬료가 베드로를 청한 일도, 베드로가 고넬료의 집에 방문한 일도 모두 하나님의 명령에 순종한 것입니다. 이것은 이방인인 고넬료의 구원이 전적으로 하나님의 계획임을 보여줍니다. 베드로가 고넬료에게 자신이 온 이유를 말하는 중에 표현한, 하나님께서 하시는 일을 정리해서 이야기해보세요. (참고. 10:34-43)

3. 베드로가 고넬료와 함께한 모든 사람에게 전한 것은 복음이었습니다. 그 복음을 들었던 모든 사람에게 성령이 임했고, 고넬료의 집은 생명 역사의 놀라운 현장이 되었습니다. 베드로가 환상 중에 하나님의 말씀을 듣는 것에서부터 고넬료 집에 세례를 베풀 때까지의 사건을 일목요연하게 정리하고, 베드로가 느꼈을 충격과 깨달음이 어떠했을지 말해보세요. 이것을 예수님께서 제자들에게 마지막으로 명령하신 지상명령과 연관해서 묵상해봅시다. (참고. 마 28:19-20)

4. 이방인 고넬료가 구원을 받은 사건은 예루살렘 교회 전체에 충격을 주었습니다. 심지어 그들 중에는 베드로가 이방인과 함께 식사를 하는 것조차 비난하는 사람들도 있었습니다. 비록 초대교회는 은혜로 가득했고 하나님의 역사가 충만하게 나타났지만, 아직도 공생애 동안 예수님께서 구원과 복음에 대해 하신 말씀을 제대로 이해하지 못하고 있었습니다. 복음의 깨달음을 가지고 베드로가 그들에게 이야기한 것은 무엇이며, 여기에 대한 예루살렘 교회의 반응은 어떠했습니까? (참고. 11:16, 18)

5. 고넬료의 구원 사건에서 베드로와 예루살렘 교회가 깨달아가는 과정이 보여주듯이, 말씀을 듣고 아는 것과 그것이 삶 속에서 생명으로 역사하는 것을 목도하고 믿는 것은 같지 않습니다. 당신이 예수님을 믿은 후에 말씀에 대한 깨달음이 깊어가면서, 하나님과 복음에 대하여 새롭게 발견한 것이 있다면 이야기해보세요.

6. 다음의 글을 읽고 교회가 생명의 문을 열기 위해서는 어떠해야 하는지, 교회의 원형인 사도행전적 교회를 기초로 묵상해봅시다.

초대교회가 복음으로 로마제국을 뒤엎을 수 있었던 이유는, 교회가 완벽했기 때문이 아니라 주님이 교회의 주인 되시고, 성령께서 주권적으로 역사하셨기 때문입니다. 사도행전적 교회는 제도도 없었고 건물도 없었지만, 그 속에 성령의 놀라운 역사가 있었고 예수님의 사랑이 넘쳤습니다.
사도행전적 교회에는 하나님의 말씀이 넘쳤습니다. 베드로의 설교를 보세요. 스데반의 설교를 보세요. 모든 상황을 종결짓는 기준이 하나님의 말씀이었습니다. 사도행전적 교회의 예배에는 하나님의 임재가 충만했습니다. 모일 때마다 성찬을 떼고 예배를 드렸습니다. 사도행전적 교회는 복음의 역사, 불타는 전도의 열기로 가득했습니다. 이 세상, 땅 끝까지 복음의 증인이 되겠다는 가슴 벅찬 비전으로 가득 찬 교회였습니다. 모이면 기도와 예배에 힘썼지만, 나가서는 복음 전도에 힘썼습니다. 사도행전적 교회는 각자의 은사가 마음껏 발휘되는 교회였으며, 사랑의 섬김과 봉사로 활기찬 공동체였습니다. 그들은 자신의 것을 팔아 아낌없이 사람들을 구제하고 섬겼습니다.

7. 믿는 자의 가정은 언제나 고넬료의 집처럼 복음으로 역사하는 생명 탄생의 현장이 되어야 하고, 예수님을 구주로 고백하는 우리들은 베드로처럼 비록 자신의 의지나 생각과는 다르더라도 하나님께서 인도하시는 대로 복음을 전하는 자가 되어야 합니다. 지금 당신의 가정은 생명의 문을 여는 현장이 되고 있습니까? 그리고 당신은 언제 어디서라도 주님이 원하시면 순종하는 복음의 증인이 되고 있습니까? 만일 그렇지 못하다면, 그 이유를 생각하고 어떻게 해야 그렇게 될 수 있는지 함께 나눠봅시다.

삶의 열매를 거두며

교회가 생명의 문을 열지 못하면 존재 의미가 없습니다. 동시에 예수님을 믿는 내가 생명의 복음을 전하지 못한다면, 그리스도인으로서의 존재 목적을 이룰 수 없을 것입니다. 생명의 전달자는 자신의 즐거움만을 위해 사는 사람들과는 말이나 행동이 다를 수밖에 없습니다.

말 한마디를 하고 작은 행동 하나를 하더라도 예수의 생명을 품은 자로서 그리고 그 생명을 세상에 전하는 자로서의 품격을 가지고 살기로 결심하고 이를 위해 성령의 도우심을 구하는 기도를 올려드립시다.

Lesson 23

그리스도인이라는 이름값

사도행전 11:19-30

19 그때에 스데반의 일로 일어난 환난으로 말미암아 흩어진 자들이
베니게와 구브로와 안디옥까지 이르러 유대인에게만 말씀을 전하
는데
20 그중에 구브로와 구레네 몇 사람이 안디옥에 이르러 헬라인에게
도 말하여 주 예수를 전파하니
21 주의 손이 그들과 함께하시매 수많은 사람들이 믿고 주께 돌아오
더라
22 예루살렘 교회가 이 사람들의 소문을 듣고 바나바를 안디옥까지
보내니
23 그가 이르러 하나님의 은혜를 보고 기뻐하여 모든 사람에게 굳건
한 마음으로 주와 함께 머물러 있으라 권하니
24 바나바는 착한 사람이요 성령과 믿음이 충만한 사람이라 이에 큰
무리가 주께 더하여지더라
25 바나바가 사울을 찾으러 다소에 가서
26 만나매 안디옥에 데리고 와서 둘이 교회에 일 년간 모여 있어 큰
무리를 가르쳤고 제자들이 안디옥에서 비로소 그리스도인이라 일
컬음을 받게 되었더라
27 그때에 선지자들이 예루살렘에서 안디옥에 이르니
28 그중에 아가보라 하는 한 사람이 일어나 성령으로 말하되 천하에
큰 흉년이 들리라 하더니 글라우디오 때에 그렇게 되니라
29 제자들이 각각 그 힘대로 유대에 사는 형제들에게 부조를 보내기
로 작정하고
30 이를 실행하여 바나바와 사울의 손으로 장로들에게 보내니라

마음의 문을 열며

그리스도인에게 가장 무서운 말은 '예수 믿는 사람 같지 않다'는 말입니다. 반면에 가장 큰 칭찬은 '예수 믿는 사람답다'는 말입니다. 당신은 배우자로부터, 혹은 가족이나 동료들로부터 둘 중 어떤 말을 듣고 있습니까?

기독교 역사를 보면, 신자들은 그리스도인이라는 이름을 얻기 위해 그리고 그 이름대로 살기 위해 때로는 순교의 자리까지 서슴지 않고 나아갔습니다.

당신은 그리스도인이라는 이름을 목숨처럼 귀하게 여기고 있습니까? 자신의 필요에 따라 드러냈다가 불편해지면 감추면서 살아가지는 않습니까?

오늘 말씀 속에서 그리스도인으로 사는 것이 세상 그 무엇으로도 바꿀 수 없는 감사요 은혜임을 확인하고, 일평생 그리스도인의 이름에 명실상부한 가슴 뛰는 삶을 살기로 결심하는 시간이 되기를 바랍니다.

말씀의 씨를 뿌리며

1. 마귀는 스데반을 죽이고 예루살렘 교회를 박해하는 데 성공했지만, 오히려 그 일은 복음이 사방팔방으로 전해지는 결정적인 계기가 되었습니다. 환란 때문에 흩어진 자들로 인하여 어떤 일이 일어났습니까?

• 19-21절

2. 이교 신앙의 본산지였던 안디옥까지 복음이 전해지고 그곳에서 수많은 사람들이 주께 돌아왔다는 소식을 들었던 예루살렘 교회는 그 사실을 확인하기 위해 직접 바나바를 파송합니다. 바나바가 그곳에서 보고 행한 일은 무엇입니까?

• 23절

3. 복음으로 부흥하는 안디옥 교회를 더욱 건강하게 세우기 위해서 바나바는 다소까지 가서 바울을 데려왔고, 그와 함께 그곳에서 1년간 머물며 사람들을 가르쳤습니다. 그 결과는 놀라웠습니다. 여기에 대해 성경은 뭐라고 말씀하고 있습니까?

• 26절

4. 예루살렘 교회의 초창기부터 헌신된 일꾼으로 사역한 바나바(행 4:36-37)와 극심하게 주님의 교회를 핍박하다가 회심한 지 오래되지 않은 바울(행 9:1-6)이 아름답게 동역하는 모습을 보며 무엇을 느끼십니까?

5. 안디옥에서 처음으로 제자들이 대중으로부터 그리스도인이라 일컬음을 받았다는 사실은 깊은 의미를 가지고 있습니다. 그리스도의 사람이라는 뜻의 '그리스도인'이라는 말에 부합하는 의미를 본문에서 찾아 적어보세요.

6. 다음 글을 읽고 이 땅에서 그리스도인으로서 산다는 것이 무슨 의미인지 묵상해봅시다.

> 그리스도인에 대한 올바른 모든 정의들을 묶어서 한 문장으로 정의하면 어떻게 말할 수 있을까요? 그리스도인은 "그의 삶에서 그리스도가 없으면 아무것도 아닌 존재"입니다. 이것이 그리스도인에 대한 가장 근본적인 정의입니다.
> 그리스도인은 예수님이 함께하지 않으면 고아와 같은 존재입니다. 태생이 다르기 때문에 세상이 외면하는 존재가 그리스도인입니다. 삶의 목적과 방향이 다르기 때문에 우리는 세상이라는 광야에서 나그네요, 예수님이 함께하지 않으면 성도들은 고아 신세가 됩니다. 이것을 예수님께서 너무도 잘 아시기 때문에 "내가 너희를 고아와 같이 내버려두지 않겠다"라고 말씀하신 것입니다. 그런데 이것을 달리 말하면, 믿는 자는 주님의 손이 함께하지 않으면 고아 같은 존재라는 뜻입니다. 고아는 의지할 곳이 없는 존재입니다. 도움의 손길이 없으면 살아갈 길이 없습니다. 그리고 그리스도인이 이와 같은 존재입니다.

7. 바나바가 삶으로, 인격으로 보였던 특성은 오늘날 믿는 자들이 그리스도인으로서 보여야 하는 모습을 그대로 보여주고 있습니다. 은혜를 기뻐하는 사람, 도덕과 윤리에서 모범적인 사람, 성령과 믿

음이 충만한 사람, 신앙 공동체를 위해 다른 사람을 세워주는 사람이 그리스도인입니다. 지금 당신의 삶과 인격은 이처럼 그리스도인의 이름값에 걸맞습니까? 오늘날 그리스도인에게 부족한 것은 무엇이며, 어떻게 해야 그것을 채울 수 있을까요?

삶의 열매를 거두며

그리스도인으로 산다는 것은 예수님처럼 자기를 내어주며 사는 것입니다. 한마디로 더 희생하고, 더 섬기며, 더 사랑하고, 더 용서하며 사는 것입니다. 이런 사람은 세상의 눈으로 보면 때로 미련하고, 불쌍하며, 어리석게 여겨질 수 있습니다.

'나 한 사람으로 복음의 역사가 펼쳐질 수 있다면', '나 한 사람으로 예수님의 이름이 높아질 수 있다면', '나 한 사람으로 주의 몸 된 교회의 영광이 드러날 수 있다면', '나 한 사람으로 예수님의 사랑이 실천될 수 있다면' 그리스도인은 그렇게 살아야 합니다.

어떤 경우에도 그리스도인이라는 이름대로 살기로 결심합시다. 이를 위해 성령의 도우심을 구하는 기도를 드립시다.

Lesson 24

사명이 끝날 때까지는

사도행전 12:1-25

1 그때에 헤롯 왕이 손을 들어 교회 중에서 몇 사람을 해하려 하여
2 요한의 형제 야고보를 칼로 죽이니
3 유대인들이 이 일을 기뻐하는 것을 보고 베드로도 잡으려 할새 때
는 무교절 기간이라
4 잡으매 옥에 가두어 군인 넷씩인 네 패에게 맡겨 지키고 유월절
후에 백성 앞에 끌어내고자 하더라
5 이에 베드로는 옥에 갇혔고 교회는 그를 위하여 간절히 하나님께
기도하더라
6 헤롯이 잡아내려고 하는 그 전날 밤에 베드로가 두 군인 틈에서 두
쇠사슬에 매여 누워 자는데 파수꾼들이 문밖에서 옥을 지키더니
7 홀연히 주의 사자가 나타나매 옥중에 광채가 빛나며 또 베드로의
옆구리를 쳐 깨워 이르되 급히 일어나라 하니 쇠사슬이 그 손에서
벗어지더라
8 천사가 이르되 띠를 띠고 신을 신으라 하거늘 베드로가 그대로 하
니 천사가 또 이르되 겉옷을 입고 따라오라 한대
9 베드로가 나와서 따라갈새 천사가 하는 것이 생시인 줄 알지 못하
고 환상을 보는가 하니라
10 이에 첫째와 둘째 파수를 지나 시내로 통한 쇠문에 이르니 문이
저절로 열리는지라 나와서 한 거리를 지나매 천사가 곧 떠나더라
11 이에 베드로가 정신이 들어 이르되 내가 이제야 참으로 주께서 그
의 천사를 보내어 나를 헤롯의 손과 유대 백성의 모든 기대에서
벗어나게 하신 줄 알겠노라 하여

12 깨닫고 마가라 하는 요한의 어머니 마리아의 집에 가니 여러 사람
이 거기에 모여 기도하고 있더라
13 베드로가 대문을 두드린대 로데라 하는 여자아이가 영접하러 나
왔다가
14 베드로의 음성인 줄 알고 기뻐하여 문을 미처 열지 못하고 달려
들어가 말하되 베드로가 대문 밖에 섰더라 하니
15 그들이 말하되 네가 미쳤다 하나 여자아이는 힘써 말하되 참말이
라 하니 그들이 말하되 그러면 그의 천사라 하더라
16 베드로가 문 두드리기를 그치지 아니하니 그들이 문을 열어 베드
로를 보고 놀라는지라
17 베드로가 그들에게 손짓하여 조용하게 하고 주께서 자기를 이끌
어 옥에서 나오게 하던 일을 말하고 또 야고보와 형제들에게 이
말을 전하라 하고 떠나 다른 곳으로 가니라
18 날이 새매 군인들은 베드로가 어떻게 되었는지 알지 못하여 적지
않게 소동하니
19 헤롯이 그를 찾아도 보지 못하매 파수꾼들을 심문하고 죽이라 명
하니라 헤롯이 유대를 떠나 가이사랴로 내려가서 머무니라
20 헤롯이 두로와 시돈 사람들을 대단히 노여워하니 그들의 지방이
왕국에서 나는 양식을 먹는 까닭에 한마음으로 그에게 나아와 왕
의 침소 맡은 신하 블라스도를 설득하여 화목하기를 청한지라
21 헤롯이 날을 택하여 왕복을 입고 단상에 앉아 백성에게 연설하니
22 백성들이 크게 부르되 이것은 신의 소리요 사람의 소리가 아니라
하거늘
23 헤롯이 영광을 하나님께로 돌리지 아니하므로 주의 사자가 곧 치
니 벌레에게 먹혀 죽으니라
24 하나님의 말씀은 흥왕하여 더하더라
25 바나바와 사울이 부조하는 일을 마치고 마가라 하는 요한을 데리
고 예루살렘에서 돌아오니라

마음의 문을 열며

“세상은 영적 전쟁터다”라는 성경의 경고에도 불구하고 우리는 자주 이 사실을 잊어버리며 삽니다. 왜냐하면 우리의 눈길이 보이는 것에 가 있기 때문입니다. 그래서 말씀은 세상에 경도된 우리의 심령을 교정하기 위하여 영적 세계의 실상을 보여주곤 합니다.

세상에는 언제나 하나님의 뜻을 거역하는 세력이 있으며, 이로 인하여 그리스도인들은 고초를 당하는 것이 현실입니다. 이러한 환란이나 역경의 시기를 맞을 때, 자칫하면 우리의 시야가 미시적으로 여기에만 집중해서 결국 덫에 빠질 수가 있습니다.

우리가 반역하는 세상의 함정에 빠지지 않고 하나님께서 주신 큰 그림을 보는 비결은 역경이 아니라 사명에 집중하는 것입니다. 말씀 속에서 우리의 사명을 다시 확인하고, 어떤 환경에 처하더라도 사명이 다할 때까지는 내 삶이 끝나지 않는다는 사실을 마음에 새기는 시간이 되기를 바랍니다.

말씀의 씨를 뿌리며

1. 핍박으로 흩어진 그리스도인들 때문에 복음이 확산되고, 그 결과 안디옥 교회를 비롯한 이방 지역에서는 복음이 흥왕했지만, 그럴수록 예루살렘을 중심으로 둔 유대 지역에서는 예수 믿는 사람에 대한 핍박이 더욱 거세졌습니다. 유대인의 불만을 잠재우고, 그들의 환심을 사기 위해 헤롯이 했던 행동은 무엇입니까?

• 1절

2. 감옥에 갇힌 베드로가 옥에서 나오는 과정에 사용된 반복적 표현을 찾아보고, 그렇게 기록된 이유를 생각해보세요.

• 5절

• 12절

3. 베드로의 생명을 위해 간절히 기도했던 예루살렘 교회 성도들은 정작 베드로가 다시 돌아온 것을 처음에는 믿지 못했습니다. 응답의 확신이 부족한 기도에도 역사하시는 하나님을 보며 당신이 느끼는 바를 이야기해보세요. (참고. 롬 8:26)

4. 야고보는 순교했고, 베드로는 감옥에 갇혀서 처형을 앞두고 있었지만 성도의 기도를 통하여 생명을 구했습니다. 왜 야고보는 죽고 베드로는 살았는지 우리는 그 이유를 알지 못합니다. 그러나 누가가 이것을 기록했을 때, 하나님께서 본문을 통하여 말씀하시기를 원하셨던 것은 무엇일까요? (참고. 시 2:2, 4)

5. 야고보의 순교, 베드로의 투옥, 예루살렘 교회에 대한 핍박에도 불구하고, "하나님의 말씀은 흥왕하여 더하더라"(24절)라는 구절은 사도행전의 주제가 무엇인지를 다시 상기시켜주고 있습니다. 하나님의 교회는 어떤 역경과 핍박 속에서도 전진한다는 진리가 그리스도인으로서 당신의 삶에 도전하는 것은 무엇입니까?

6. 다음 글을 읽고 하나님께서 주신 사명이 목숨보다 귀하다는 사실에 대해 묵상해봅시다.

윌리엄 캐리는 1793년에 영국에서 인도로 배를 타고 건너갔다. 그는 그곳에서 다섯 살짜리 아들을 잃었고, 그의 아내는 정신적인 질병을 앓았다. 그는 사역을 시작한 지 7년이 지난 후에 첫 회심자를 얻었으며, 수년 동안 애써 번역한 성경을 화재로 잃어버리기도 했다. 하지만 그는 단 한 번의 휴가도 없이 40년 동안 꾸준히 사역했다.
'미국의 제1호 해외 선교사'인 아도니람 저드슨은 1814년에 미얀마로 갔다. 그는 여섯 살 된 아들을 잃었고, 1년 반 동안 죽음의 감옥에 갇혀 있었으며, 아내는 열병으로 죽었다. 그는 정신쇠약 때문에 고생했고, 첫 회심자를 만나기까지 5년을 기다려야 했다. 하지만 캐리는 사역을 멈추지 않았다. 사명이 목숨보다 더 소중했기 때문이다.
로버트 모리슨은 중국으로 파송된 첫 개신교 선교사였다. 그 역시 아내를 잃었고 첫 회심자를 얻기 위해 7년 동안 수고했다. 하지만 그는 중단 없이 사역에 임했다.
이들은 수많은 어려움에도 굴하지 않고 앞으로 전진했다. 하나님께서 자신에게 주신 사명이 목숨보다 소중하다고 생각했기 때문이다. [8)]

7. 본문에서 베드로가 감옥에서 벗어나는 과정은 믿는 자에게 인생의 옥문이 언제 열리는지를 보여주고 있습니다. 그것은 고난 속의 기적이요, 기도 속의 기적이며, 사명 속의 기적입니다. 당신은 이 사실에 대해서 어떻게 생각하십니까? 또한 어떤 결심을 했습니까?

삶의 열매를 거두며

사도 베드로는 성도들의 기도를 통하여 옥문이 열리는 기적을 경험했습니다. 그런데 본문을 읽는 우리의 시선은 동시에 사도행전 12장 이후로 15장에서 한 차례 등장한 것을 제외하면 베드로가 더 이상 나오지 않는다는 사실도 볼 수 있어야 합니다. 이러한 사실은 성경의 모든 초점은 사람이 아니라, 복음에 집중하고 있음을 일깨워줍니다. 또한 이것은 우리가 어떻게 살아야 할지를 보여줍니다. 환경이나 사람보다도 복음에 집중하는 인생으로 살겠다고 각오합시다. 또 사명이 다할 때까지는 내 생명은 끝나지 않는다는 사실을 마음에 새기며, 영적 기백을 가지고 담대하게 살아갈 수 있도록 성령의 도우심을 기도합시다.

※ 본 교재에 사용한 예화는 다음의 글을 인용하거나 필요에 따라 다듬은 것입니다.

1) A.W. 토저, 《보혜사》, 이용복 옮김(규장, 2006).

2) 존 스토트, 《성령 세례와 충만》, 김현회 옮김(IVP, 2014).

3) 마틴 로이드 존스의 《에베소서 강해》(CLC) 중에서 정리.

4) 이동원, 《짧은 이야기 긴 감동》(누가, 2001).

5) 이덕주의 《쉽게 쓴 한국교회 이야기》(신앙과지성사, 2009) 중에서 정리.

6) 오스 기니스, 《소명》, 홍병룡 옮김(IVP, 2001).

7) 폴 투르니에, 《치유》, 정동섭·정지훈 옮김(CUP, 2007).

8) 존 파이퍼, 《은혜, 구원을 딛고 삶 속으로》, 차성구 옮김(좋은씨앗, 2003).